Mes talismans *astrologiques* de protection au quotidien

ISBN : 978-2-38578-101-9

www.editions-tredaniel.com
info@guytredaniel.fr
www.facebook.com/tredanieleso
@tredaniel_eso

Zoé Pataki

Mes talismans *astrologiques* de protection au quotidien

Et petit traité sur la spiritualité moderne

GOOD MOOD DEALER
By EXERGUE

27, rue des Grands Augustins
75006 Paris

Votre vision devient claire
lorsque vous pouvez regarder dans votre cœur.
Celui qui regarde à l'extérieur de soi
ne fait que rêver;
celui qui regarde en soi se réveille.

Carl Gustav Jung

Sommaire

Introduction

Depuis la nuit des temps, la magie existe. Elle revêt bien des couleurs : blanche, noire, verte ou encore rouge selon l'intention de la personne qui la pratique.

La magie prend toutes sortes de formes pour se manifester à travers des amulettes, des talismans, des arts divinatoires ou encore *via* les pentacles.

Elle débute dès lors que l'on formule un souhait, exprime une volonté ou murmure une prière. À l'image de notre monde, son essence oscille entre le bien et le mal, selon l'être qui en façonne les contours et la fait se manifester dans notre réalité.

La magie existe dans toutes les communautés, dans toutes les sphères sociales, de la ville à la campagne, aussi bien dans les quêtes de pouvoir que pour faire le bien ou nuire à son prochain.

Il y a des magies simples à mettre en œuvre et d'autres plus codifiées et hermétiques, au point qu'il arrive parfois que l'on en fasse sans même s'en rendre compte.

La pensée et les mots ont une puissance phénoménale que l'on oublie trop souvent dans nos sociétés modernes.

S'il y a une certitude, c'est qu'il vaut mieux savoir à l'avance à quelles forces on remet ses désirs et souhaits, car il n'y a pas de retour en arrière possible.

Absolument tout ce que l'on acte et ce que l'on fait dans nos différentes incarnations est écrit dans la mémoire de notre âme et rien n'échappe à l'œil du karma et du Grand Tout.

Pour ma part, j'ai toujours cru à la magie et au paranormal. Enfant, j'ai très rapidement compris que notre plan terrestre n'était pas unique. J'ai commencé à percevoir très jeune des défunts, des êtres éthérés, mais aussi des entités plus noires qui me terrifiaient. Plus important encore, j'ai compris que nous ne sommes jamais seuls. Il y a tout un tas d'autres dimensions et de plans peuplés d'êtres qui se superposent à notre réalité terrestre et nous coexistons tous ensemble.

Petite, je trouvais que notre monde était bien gris et sans couleurs, en ayant ce vif souvenir inscrit dans mon cœur d'un ailleurs bien plus léger, baigné de lumière et rempli d'amour.

Je crois que c'est un sentiment que bon nombre de personnes dites « éveillées » partagent.

J'ai patienté de longues années avant de me sentir « connectée » à nouveau et à ma place.

Trouver le sens de sa vie, ou même le sens de la vie elle-même est un chemin initiatique qui peut être très dur.

La magie existe bel et bien. Parfois, elle est flagrante et on l'appelle synchronicité (ou coïncidence). Parfois, elle est aussi imperceptible et légère qu'un murmure dans la nuit.

Il m'a fallu des années pour avoir une maîtrise totale de mes capacités, durant lesquelles j'ai expérimenté différentes polarités, plusieurs plans, certains lumineux d'autres plus sombres.

Mes erreurs m'ont fait intégrer un parfait discernement et ma vie ne sera plus jamais la même. J'ai parfois côtoyé des cimes et à d'autres moments j'ai eu l'impression que cette puissance allait me détruire. Il n'est pas toujours aisé de naviguer entre deux mondes, le nôtre et l'au-delà.

Mais aujourd'hui, forte de mon expérience et de mon discernement, je suis enfin apaisée, car mon existence est devenue équilibrée, plus jolie et surtout plus consciente.

J'accompagne les autres pour faciliter le chemin de l'éveil spirituel et c'est une belle mission de vie. La clairvoyance et l'énergétique font partie intégrante de ce que je suis et tout ce que je fais est dans l'unique but d'œuvrer pour le bien.

Ce livre n'a pas pour vocation de raconter une énième fois le parcours d'une médium, mais part d'un triste constat : les gens perdent de plus en plus leur autonomie en remettant leur pouvoir de décision et leur avenir entre les mains de certains praticiens holistiques qui ne sont pas toujours compétents ou bien connectés.

Ils se laissent guider par des séances de voyance parfois farfelues et peuvent prendre des décisions radicales parce qu'ils ont une confiance aveugle en la personne qu'ils ont consultée.

D'autres vont recevoir des soins énergétiques par des thérapeutes holistiques qui ne sont déjà pas eux-mêmes bien alignés et sont branchés sur du bas astral.

Les grilles énergétiques ont changé ces vingt dernières années, certains protocoles sont devenus obsolètes, aujourd'hui il est plus pertinent de travailler de manière intuitive pour permettre de renouer avec notre étincelle divine, notre être véritable et ainsi se brancher sur un canal qui ne sera pas pollué.

Les dégâts après certains soins sont parfois considérables quand ceux-ci sont mal faits (cauchemars, mal-être profond, dépression, attaques d'entités). Il en résulte que les gens s'éloignent de plus en plus de la foi et du côté sacré de nos racines humaines qui nous accompagnent au quotidien. Le mental a pris le pli sur tout, broyant l'espoir.

Dieu merci, dans tout ce marasme qui pullule sur les réseaux sociaux, il y a également les gens qui pratiquent avec le cœur, avec amour et qui savent ce qu'ils font et manipulent.

Nous, médiums, énergéticiens, réparons, coupons des mémoires, nettoyons les énergies, la magie noire, rebranchons des fréquences vibratoires, réalignons les corps subtils, etc.

Nous voyons ce que l'œil nu ne décèle pas et nous veillons à l'équilibre des choses.

Avec ce livre, il est important pour moi de vous rappeler que vous possédez **tous** en **vous** cette clé divine et que vous pouvez vous y relier à tout instant afin de capter des messages de votre moi supérieur ou du monde invisible qui vous accompagne à chaque moment de votre vie. Votre boussole intérieure ne vous trompera jamais.

Il est important de rappeler également que la magie ne soigne pas les problèmes médicaux ou de santé mentale. Il ne faut pas tout mélanger. Bien des praticiens holistiques sont dans un rejet total de la médecine et de ses traitements.

Je ne suis absolument pas d'accord avec cela. Lorsqu'une maladie se déclenche, bien sûr elle peut avoir une cause psychoémotionnelle, toutefois une fois qu'elle s'est manifestée dans le corps, elle existe bel et bien dans la matière et il faut la traiter en priorité avec la médecine traditionnelle. Sans opposer les pratiques et les points de vue, partons simplement du principe que tout ce qui se trouve dans le visible existe et s'explique en premier lieu par une cause invisible, qu'elle soit transgénérationnelle, inconsciente, ou bien plus spirituelle.

Ce qui est en haut est en bas. Ce qui signifie que ce qui arrive à nos corps vibratoires impacte notre corps physique.

Dans les prochaines pages, vous découvrirez des talismans pour vous accompagner dans le quotidien et ainsi conserver votre pouvoir personnel.

Il s'agit de douze talismans, détenant différentes propriétés, qui lorsqu'on se connecte à eux et qu'on les porte, attirent à nous les énergies archétypales des signes astrologiques.

Les talismans vont venir renforcer nos intentions et nos souhaits, ils sont comme de petits boucliers qui nous aident à nous protéger et nous relier à des sphères supérieures.

Utilisés avec le cœur, avec amour, et des intentions louables, ils n'ont rien de dangereux ou de maléfique, mais sont de vrais alliés.

Je vous guiderai tout au long de cet ouvrage afin de mieux les comprendre et de bien les utiliser.

Nous sommes en 2025, le voile entre les différents plans est de plus en plus mince, facilitant grandement la connexion entre l'au-delà et nous. C'est l'ère de l'autonomie spirituelle.

Ce livre existe pour que vous puissiez redéfinir les contours de votre vie à travers un angle plus éthéré, plus spirituel, sans dépendre de quelqu'un dont vous ne connaissez pas les véritables intentions in fine.

Malheureusement, dans l'univers ésotérique, il y a encore des gens qui profitent de la faiblesse des gens démunis, et d'autres qui puisent dans des sphères sombres.

Mais avant d'entrer dans le vif du sujet, il faut que je vous raconte la genèse de cet ouvrage.

CHAPITRE 1

Georges et moi

Il y a un an et demi, j'ai acheté un livre sur Vinted. Aujourd'hui encore, les raisons qui m'ont poussée à le faire sont floues, mais j'étais alors mue par une envie irrépressible de l'acquérir. Il n'y a *jamais* de hasard, me direz-vous, et j'ai fini par avoir l'explication bien des mois plus tard.

Ce livre, *Sortilèges et talismans*, un manuel ésotérique de Georges Muchery, date de 1955 et il a été tiré à 1100 exemplaires. Il est vieux, il sent le vieux et il tombe littéralement en miettes.

Mais j'aime les livres, je les collectionne et ils font partie de ma vie et de mon autre casquette: celle de chroniqueuse culture dans les médias.

Lorsque je reçois ce fameux livre, je le feuillette rapidement avant de le ranger dans ma bibliothèque qui déborde déjà de toutes parts.

Les mois passent, je poursuis mon quotidien entre les consultations de guidance, de soins énergétiques et ma chronique littéraire dans la matinale de France 3. Mes semaines sont bien chargées et j'ai peu de place pour d'autres projets.

J'ai un nouveau guide qui s'est récemment installé près de moi, il me transmet des enseignements. Je sens qu'il est nouveau à son empreinte énergétique, détenteur d'un savoir. Certains guides sont doux, tendres, d'autres très drôles, et certains sont très factuels dans leur façon de transmettre.

Je ressens ce guide de haut vol, mais avec un petit côté militaire. Il me rappelle un peu mon père qui est… militaire, lui aussi. J'ai donc l'habitude de cette vibration.

Je sens qu'il a des choses à me dire ou à me transmettre, mais à ce moment-là j'ai d'autres priorités. Je favorise donc le contact avec les guides qui m'accompagnent dans les consultations que je donne.

Je vois cet être en arrière-plan, attendant probablement le bon moment pour intervenir dans mon canal médiumnique. C'est étrange parce qu'il me fait l'effet visuel d'un grand-père, or j'ai déjà le mien qui veille au grain et je sens qu'il n'est pas l'un de mes ancêtres. La plupart de mes guides n'ont d'ailleurs pas d'apparence humaine.

Vous avez déjà eu la vision d'un bonhomme tout bleu ? Je vous rassure, il y a une explication tout à fait logique à cela, et non vous n'êtes pas fou !

Un guide spirituel est un être désincarné qui nous accompagne durant notre incarnation sur Terre. Ayant déjà vécu des incarnations terrestres ou sur d'autres planètes, il se distingue des anges qui, eux, n'ont jamais connu l'expérience physique. Présents dès notre naissance et jusqu'à notre dernier souffle, certains guides restent à nos côtés tout au long de notre vie, voire à travers plusieurs vies. D'autres ne sont là que pour un moment précis, en fonction de ce que nous devons apprendre, vivre ou recevoir comme informations depuis l'au-delà, nous aidant à traverser des périodes cruciales, avant de repartir.

Les mois défilent, j'ai totalement oublié mon mystérieux achat sur Vinted, jusqu'au jour où, en faisant du tri, je retombe dessus.

Cette fois-ci, intriguée, je décide de m'installer et de prendre le temps de le découvrir.

Il y a toujours des instants qui se trouvent être LE bon moment selon le plan divin.

Avec étonnement, j'y découvre des pentacles de protection qui sont l'essence même de cet ouvrage !

Utilisant régulièrement ceux de l'Abbé Julio, mon attention est à son maximum.

Je ressens tout de suite une connexion forte avec ces pentacles et je sais au plus profond de moi qu'ils sont encodés et fonctionnent. Je vous expliquerai d'ailleurs dans les pages suivantes les différences entre pentacles et talismans.

J'effectue des recherches sur Internet et je ne trouve que très peu de traces de l'auteur, Georges Muchery, sinon qu'il est né en 1892 et mort en 1981. Bien avant ma naissance, donc.

Il n'est fait mention nulle part des travaux de Georges, qui était astrologue et chiromancien. Je lis simplement sur Internet qu'il a été initié à l'âge de 9 ans par son professeur de mathématiques à différents arts divinatoires et a écrit plusieurs ouvrages sur le sujet, dont celui que j'ai en ma possession.

Je découvre avec stupéfaction que tout s'est arrêté après le décès de Georges. Ses connaissances n'ont pas été transmises et perpétuées, on ne trouve plus grand-chose sur lui. La maison d'édition qu'il avait créée est désormais fermée, et tout son savoir n'est ni republié ni transmis. Quelle tristesse, cela me laisse un goût amer d'inachevé !

Me vient alors l'idée d'entrer en contact médiumnique avec ledit Georges. Après tout, si Internet n'est pas bavard, peut-être que Georges sera plus loquace depuis l'au-delà.

J'ai donc trouvé une des rares photos de lui sur Google et décidé, comme à mon habitude lors d'un contact défunt, de me mettre dans un état de conscience modifié pour entrer en communication avec lui. Il m'apparaît tout de suite.

Je lui explique donc ma démarche : la volonté de perpétuer une partie de ses connaissances que je trouve fabuleuses, tout en les remettant au goût du jour et en les adaptant à notre temporalité et aux nouvelles grilles énergétiques.

Georges n'est pas un être très chaleureux, mais me donne tout de suite son accord.

Je contacte alors Caroline, connue dans le milieu de l'édition, qui accepte de devenir mon agent littéraire. Elle présente le projet à la maison Trédaniel, qui l'accepte immédiatement.

Je me souviens de cet instant précis, où l'idée de poursuivre l'œuvre de cet homme a trouvé une résonance chez l'éditeur. Avec une certaine exaltation, j'ai senti cette étrange alchimie se former, comme si j'étais le trait d'union entre deux mondes, celui d'un héritage littéraire ésotérique à préserver et celui d'une nouvelle voie à tracer. C'était comme si le projet, plus grand que moi, m'avait choisie pour en être la porte-parole. J'en aurai en effet la confirmation plus tard.

Il est important de préciser que je m'étais toujours fait cette promesse : si je devais un jour publier un livre, ce serait pour offrir un projet unique ou vraiment original.

Voici chose faite et la preuve encore qu'on attire ce que l'on manifeste en son cœur, d'où l'importance de bien choisir ses formulations et souhaits, car ils se matérialisent toujours ! Même si, dans certains cas, cela peut prendre du temps.

Nous sommes donc le 19 février 2024, et mon idée de livre est acceptée avec la date butoir du 15 octobre 2024 pour rendre mon manuscrit.

Mais là, ça bloque, j'ai beau vouloir écrire, rien ne sort. Au début, je panique, mais je me rassure en me disant que j'ai encore plusieurs mois devant moi…

Entre-temps, j'ai tout un tas de projets à mettre en place, dont un dans l'audiovisuel qui va me prendre toute mon énergie jusqu'à début juillet. Je me dis que j'écrirai tranquillement durant l'été.

Juillet est là, et ma plume reste toujours en suspens au-dessus d'une page blanche, ça bloque encore. Pourtant, je ressens toujours l'empressement et l'invitation évidente de Georges à écrire autour de son travail, mais rien ne vient tandis que le temps défile. Ma petite moi intérieure, soucieuse du respect des engagements qu'elle prend envers les gens, découvre les crises d'anxiété.

Au fond, je sens qu'il y a quelque chose sur quoi je dois mettre le doigt sans pouvoir me l'expliquer. Il me manque des éléments pour lancer l'écriture.

Oui, mais quoi ?

Je décide au mois d'août de larguer les amarres. Je me repose, je profite de ma famille, de ma chère mer Méditerranée et je me permets de totalement lâcher prise.

Faire le vide permet d'accueillir, de se reconnecter à soi et à ce qui nous entoure.

Nous avons tendance à être dans le « faire » en permanence, mais s'autoriser un temps de pause sans culpabiliser permet au mental de se décharger et à l'esprit de se reconnecter à sa créativité qui, bien souvent, est guidée par le monde invisible.

Fin août est là, les vacances étaient belles, mais désormais il faut faire place au travail et il y a urgence, car il me faut renouer avec l'élan nécessaire pour écrire. Pour bien démarrer ma rentrée, je prends rendez-vous pour faire un soin énergétique avec un ami. Il est extrêmement rare que je me remette entre les mains d'un autre praticien tant je fais globalement peu confiance aux personnes évoluant dans le milieu de la spiritualité. Ce qui est important ici, c'est que si vous mettez deux médiums ensemble, leurs dons sont décuplés. Cela augmente tout de suite la teneur et la qualité des informations qui circulent.

Au cours de la séance, en parlant à mon ami du livre, j'ai un flash. Je n'ai plus conscience pendant plusieurs secondes de ce qu'il se passe autour de moi, je me retrouve immergée *dans* une vision, un moment très précis de mon enfance.

Je suis en train de jouer avec mon petit frère à Barbie et Action Man, sa figurine toute musclée et virile à mort. (Vous ne vous rappelez pas de ce slogan chanté durant la pub ?: « Action Man, le plus grand de tous les héros ! »)

Je dis à mon petit frère qu'on va rebaptiser son Action Man Georges parce que j'adore ce prénom et que j'ai une fascination pour celui-ci.

Je suis née à la fin des années 1980, donc allez savoir pourquoi je me suis entichée de ce prénom qui n'est ni moderne ni d'actualité à l'époque. Mais Georges revient régulièrement dans ma tête, comme si on me le soufflait en permanence. Je ne vois personne, mais j'entends.

En parallèle, à la maison, on m'a dit, redit et expliqué fermement de ne pas parler de ces choses différentes ou étranges que je vis, car « ça n'existe pas, ça fait peur aux gens et c'est dans ma tête ». Le soir, je vois toujours passer des gens dans ma chambre et je m'endors chaque nuit terrifiée, planquée sous ma couette en serrant mes peluches très fort.

Donc je ne verbalise plus rien, mais je continue d'expérimenter différents phénomènes et manifestations surnaturels.

La dernière scène de ce flash me ramène à un moment nettement plus récent de ma vie, il s'agit de l'instant où je reçois le livre commandé sur Vinted avec un gros plan sur le prénom de… ?

Je vous le donne en mille : GEORGES, bien sûr !

Et comme par magie, une pièce de puzzle se met soudainement en place et me fait recouvrer instantanément la mémoire.

Quand on vit ces fulgurances, c'est puissant et grandiose.

Parfois, il nous faut des années pour avoir la complète compréhension d'une situation, certains éléments épars peuvent nous sembler n'avoir aucun rapport les uns avec les autres et pourtant...

Je comprends que le Georges dans ma tête d'enfant, et le Georges du livre sont *une seule et même personne*. Georges est venu me voir quand j'étais petite fille.

Je l'ai toujours su, mais les traumatismes de mon enfance m'ont fait remiser au placard de mon inconscient tout un tas de souvenirs, bons comme mauvais, qui ont tendance à remonter ces dernières années...

Une autre information me parvient: Georges est le nouveau guide qui est arrivé il y a plusieurs mois (vous savez, ce guide pas vraiment chaleureux et très ordonné qui attend pour délivrer son enseignement).

Ce flash, avec toutes ces informations, n'a duré qu'une poignée de secondes, mais tout se met en place. Ce qu'il me manquait pour écrire, c'était *cette* information cruciale. Cette rencontre a puisé sa genèse dans mon enfance pour finalement avoir une véritable signification à l'âge adulte. L'incarnation est une partition que l'on joue de concert avec l'au-delà et les vivants, il est des rencontres décidées avant notre naissance et surtout les enseignements spirituels ne peuvent retomber dans l'oubli. Ils doivent être choyés, adaptés à notre temporalité et transmis.

Mon ami perçoit les mêmes messages, et me confirme deux ou trois autres faits. Il me dit que j'ai été moi-même le guide de Georges de son vivant et que j'ai participé à l'écriture de ses livres et à ses enseignements. Toutefois, comme je ne reçois pas par moi-même cette information, je préfère ne pas lui accorder d'importance.

Je le remercie chaleureusement, car je sais qu'il fait partie de ce plan et de ce programme divin. Tout arrive au bon moment et je ne me lasse pas de m'émerveiller, chaque fois, devant tant d'intensité, alors que je suis pourtant habituée à vivre des instants de grâce tels que celui-ci.

Pour finir, je dois vous confier que notre cher Georges a fait partie de la marine, ce qui explique enfin son côté un peu rigide et militaire.

Et c'est ainsi que le train de l'écriture s'est naturellement mis en marche. Je me suis sentie réellement connectée à Georges et en capacité de l'écouter. Quelque chose s'est ouvert en moi et cela a fait de l'espace pour pouvoir écrire de manière fluide et être un réceptacle du monde invisible.

Je me suis mise au calme pendant plusieurs semaines et j'ai demandé conseil à Georges à chaque fois. Il se manifestait parfois physiquement dans la pièce, il est venu me parler souvent lors de mes trajets en voiture et m'a accompagnée à chaque étape de ce livre.

Je l'ai même vu lever les yeux au ciel, lorsque je manquais de concentration.

Georges n'est pas un être débordant de chaleur, il a plutôt une énergie d'enseignant, de maître. Il va droit à l'essentiel et ne s'encombre pas vraiment de fioritures.

Celles et ceux qui peuplent le monde invisible sont à l'image des personnes qui vivent incarnées dans le nôtre : il existe de nombreux caractères et personnalités différents.

Je crois que c'est une des choses qui me plaît le plus, dans le fait d'être en lien avec l'au-delà : chaque rencontre est une aventure.

Vers la fin du livre, j'ai rejoint Georges sur le plan astral, lors d'une méditation.

Nous étions assis sur un banc, il m'a confié être heureux de voir son travail trouver une seconde vie. C'était un doux moment.

Mais il m'a également raconté avoir dédié sa vie à sa carrière, manquant presque d'amour et de présence pour ses proches, le comble pour une personne gravitant dans la spiritualité.

Il a capturé tout l'amour et la douceur qui emplissent mon foyer, ainsi que les précieux moments autour de notre petit garçon, afin d'y puiser l'inspiration pour sa prochaine vie. Cela m'a rappelé à quel point il est facile de se laisser happer par le tourbillon du travail. Ses mots ont trouvé une résonance en moi.

Le dernier événement qui a fini de me stupéfier, c'est d'apprendre qu'après la marine, Georges est devenu journaliste indépendant. Il écrivait pour une revue spécialisée en cinéma des articles sur la spiritualité et l'astrologie. Il lisait les lignes de la main et faisait les thèmes astrologiques des célébrités et personnalités politiques de l'époque.

Il y a une immense similitude entre mes futurs projets professionnels et celui de Georges, et j'ai enfin compris que ce n'était pas juste l'affaire d'un livre entre ce défunt et moi, c'est bien plus qu'une simple coïncidence, il s'agit tout bonnement d'un rendez-vous que nous avions pris lui et moi dans un autre temps et qui risque de durer encore un bon moment.

Je serai toujours reconnaissante envers Georges pour cette expérience et ce livre.

Il est ma plus belle histoire médiumnique.

CHAPITRE 2

Petit traité sur la spiritualité 2.0

LA SPIRITUALITÉ, LES ARTS DIVINATOIRES ET MOI

La spiritualité a façonné ma vie de manière complexe et inattendue, dès mon plus jeune âge. Elle est à la fois un don, une charge et est longtemps restée un secret silencieusement enfoui. Tout a commencé quand j'étais enfant, en 1995, alors que j'avais 8 ans. C'est arrivé un soir, sans crier gare. Couchée dans mon lit, j'ai ressenti une présence, puis j'ai commencé à voir une silhouette vaporeuse, vaguement humaine, aux traits cadavériques. Sa main éthérée s'est posée sur mon lit et la peur s'est emparée de moi, j'étais littéralement terrorisée. Cette première rencontre avec un défunt est encore un vif souvenir, gravé dans ma mémoire à tout jamais. Ce fut le début de tout.

Je n'ai pas su quoi faire de cette expérience, et j'ai tenté de l'expliquer à ma famille. Autour de moi, la médiumnité était un sujet tabou. Il ne fallait pas en parler, on m'a même dit que je l'avais imaginée. En grandissant, j'ai découvert que cette sensibilité à l'au-delà n'était pas une singularité personnelle, mais une capacité héritée de mes ancêtres. Pourtant, cette transmission s'est faite sous silence, laissant le soin à chacun de se débrouiller seul avec cette aptitude hors du commun.

Les années suivantes, les expériences se sont poursuivies, et avec cette capacité médiumnique, il y a eu des moments TRÈS intenses. Il m'arrivait de «voir» des événements avant qu'ils ne se produisent, de ressentir la présence de personnes défuntes lors de leurs funérailles, ou même d'être traversée de ressentis et de visions que je ne pouvais ni ignorer ni contrôler. Parfois, il ne se passait rien pendant de longues périodes, puis soudainement, les perceptions revenaient par flots, comme si le monde invisible était une marée dans laquelle j'étais engloutie. Ces rencontres paranormales étaient parfois oppressantes, souvent déconcertantes, et de manière globale, imprévisibles.

En 2012, j'ai traversé une période de vie extrêmement compliquée, et c'est à ce moment que mes capacités me sont revenues en boomerang. J'ai plongé dans l'exploration des arts divinatoires, de l'énergétique et de la spiritualité. Au début, je me suis laissée emporter par ce nouvel horizon dont je commençais à percevoir les codes, mais c'était un refuge illusoire. Je me suis entourée de personnes qui semblaient comprendre mes expériences, pensant enfin avoir trouvé ma place, un sens à ma vie. Mais quelques mois plus tard, j'ai compris que je perdais le contact avec la réalité.

On ne mesure pas la solitude que l'on peut éprouver parfois avec cette sensibilité à l'invisible, surtout lorsqu'on grandit au sein d'une famille comme la mienne, fermée à toute compréhension de ce qui m'arrivait. On se retrouve alors à errer, en quête de clés et d'aide, souvent auprès d'individus qui, dans cet univers, ne sont pas toujours bienveillants ou véritablement compétents. On traverse des épreuves et on accumule beaucoup de déceptions, avant de parvenir, un jour, à trouver son propre équilibre.

Durant cette période, j'ai aussi vécu des «sorties de corps», ou projections astrales. À plusieurs reprises, j'ai fait l'expérience de me détacher momentanément de mon corps physique, et de voyager dans des sphères extraordinaires. J'ai rencontré des anges et des êtres qui ne nous ressemblaient pas, venus d'ailleurs. Ces expériences sont marquantes, mais elles peuvent aussi être très déstabilisantes psychologiquement si elles ne sont pas comprises. Ces années d'errance spirituelle, même si elles ont élargi mes perceptions, m'ont également conduite dans des recoins sombres.

J'étais persuadée que me mettre en marge de la société me permettrait de ne pas être «contrôlée» par les gouvernements et autres théories du complot.

Je pense plutôt qu'il faut être prudent, avoir un esprit critique et analytique en tout, mais s'y plonger à corps perdu de manière irrationnelle comme je l'ai fait, c'est faire sombrer sa santé mentale, son équilibre et sa vie, tout simplement. Cela nous éloigne de nos amis, ou de notre famille, qui sont souvent abasourdis par de tels revirements de comportement. Le monde est complexe et il faut savoir garder l'équilibre dans tout ce qui le compose.

J'ai fini par faire un rejet total de la spiritualité. Un jour, lassée de ne pas savoir comment m'y prendre avec mes dons, et d'avoir l'impression d'être perchée du matin au soir, j'ai pris un grand sac poubelle et j'ai jeté tous mes livres qui parlaient de vie après la mort ou de développement personnel version américaine.

Je me rends compte avec le recul que j'étais tout bonnement incapable de comprendre la moindre ligne ni d'appliquer le moindre conseil puisque j'étais à côté de ma vie et que je ne prenais aucune décision pour changer ce qui n'allait pas. J'étais passive dans mon existence et j'attendais un miracle du ciel.

Il m'a fallu des décisions courageuses pour reconstruire ma vie d'une manière plus stable et ancrée: quitter une relation toxique, changer d'environnement, entamer une thérapie pour régler tous mes traumas accumulés depuis l'enfance et retrouver ainsi une certaine normalité.

Ce recul m'a permis de comprendre l'importance capitale de l'équilibre entre la spiritualité et la vie concrète. J'ai découvert que la véritable évolution ne dépend pas des rituels ou des pratiques spirituelles, mais de notre capacité à prendre des décisions dans notre vie quotidienne et à s'aligner avec un chemin qui nous ressemble. C'est une vraie responsabilité à assumer. Personne ne peut le faire à notre place.

« Aide-toi et le ciel t'aidera » est un adage d'une justesse imparable. Les guides, nos anges gardiens, ne peuvent intervenir qu'à la seule condition que nous prenions la responsabilité de notre libre arbitre pour faire avancer les choses. Dès lors que nous engageons un premier pas vers le changement de notre existence, ils pourront avoir un champ d'action, notamment à travers les synchronicités, mais sans cela ils ne feront rien. J'ai récemment reçu une allégorie en vision. On me montrait des hommes préhistoriques qui, par le fruit d'une synchronicité, à l'aide de silex, découvraient le feu. L'humanité a évolué à partir de cette découverte, tout s'est enchaîné puis bien plus tard encore avec l'avènement de l'électricité apportant la lumière dans tous les foyers. L'étape que nous vivons actuellement n'est plus dans la matière, mais elle est la reconnexion à notre étincelle divine, cette flamme alchimique en nous. Cheminer dans la lumière nécessite des choix et des actes pour la maintenir allumée dans notre cœur et la propager dans notre environnement. Il faut tendre vers le bien, et vivre en conscience. Ce n'est pas de l'extérieur que vient la lumière, mais de l'intérieur. Voici ce que doit comprendre l'humain de sa mission aujourd'hui.

Même après avoir renoncé à la médiumnité, celle-ci n'a jamais complètement disparu de ma vie. Les présences continuaient de se manifester, parfois de manière insistante, comme pour me rappeler que j'avais une partition à jouer.

L'été 2020 a marqué un tournant décisif dans mon parcours de médium. Nous avons déménagé dans une nouvelle maison, très belle, à la campagne, mais dès les premiers jours, des manifestations paranormales sont apparues. Mes chiens et mon chat, hypersensibles à l'environnement, se comportaient de manière étrange. Mon fils, alors âgé de 3 ans, a commencé à verbaliser ce qu'il voyait : des ombres qui peuplaient cette maison. Mon mari lui-même, pourtant terre à terre, commençait à percevoir des phénomènes inhabituels et à ressentir une gêne.

Ces dernières années, j'avais tout fait pour avoir un métier normal, une vie normale et je ne voulais plus entendre parler ni de voyance ni de soins énergétiques, et encore moins de contact défunt.

Dans l'impossibilité de quitter cette maison, j'ai dû faire face à cette situation qui s'est empirée trois semaines après notre arrivée. Les entités qui occupaient les lieux dans un autre espace-temps avaient la capacité d'interagir avec notre dimension. C'est rapidement devenu hors de contrôle, et nous ne pouvions pas fuir notre habitation pour nous réfugier à l'hôtel, car nous ne voulions pas laisser nos animaux seuls. J'y ai vécu de véritables attaques.

Les prières de protection ont été mon salut, et ma seule arme pour protéger ma famille. J'ai prié, imploré de l'aide, sollicité l'aide de mes guides, et même si ces entités nuisibles ne disparaissaient pas, j'ai pu voir qu'un halo de protection impénétrable nous entourait désormais. C'est à ce moment-là que j'ai réalisé l'envergure du monde invisible et des différentes forces, sombres comme lumineuses, qui y résident sur différentes strates.

Cet événement marquant m'a ouvert les yeux sur l'importance de mon don, et sur la nécessité de l'assumer pleinement, mais de manière structurée et en conservant toujours la conscience nette de ce qui est réel et tangible.

La rencontre avec une collègue de travail médium et d'autres personnes bienveillantes sur mon chemin m'a permis de voir que cette capacité pouvait être utilisée de manière saine, pour aider autrui, tout en restant structurée. C'était comme si l'au-delà me rappelait que mon chemin était déjà tracé, décidé depuis bien avant ma naissance et que, quoi que je fasse pour l'ignorer, celui-ci finirait toujours par se révéler à moi.

La nuit où j'ai pris la décision d'accepter ce que j'avais longtemps rejeté, j'ai demandé à mes guides de me montrer la voie à suivre, de me donner les enseignements nécessaires pour comprendre mes capacités et de m'accompagner pour utiliser mes perceptions avec respect et clarté. Les mois qui ont suivi cette décision ont été intenses. Dans mes rêves, ou parfois tout à fait réveillée, je recevais des enseignements, des symboles, des méthodes pour me protéger, des connaissances sur la maîtrise des énergies et les vies antérieures. Ces connaissances venaient de l'intérieur, de cet espace où l'invisible se manifeste et où l'apprentissage se fait sans mots, car il a toujours été là. C'est une connaissance qui se réactive.

Aujourd'hui, je vis ce nouveau paradigme avec éthique. Je m'efforce d'utiliser ce don pour apporter aide et réconfort à ceux qui en ont besoin, tout en restant consciente des limites entre le monde spirituel et celui dans lequel nous évoluons. Ma vision de la vie a radicalement changé, et je ressens aujourd'hui une gratitude immense pour ce chemin, aussi tortueux ait-il été. Il y a vraiment eu un avant et un après.

La spiritualité, lorsqu'elle est pratiquée avec amour et discernement, est une source de paix et de force. Elle aide à faire le deuil, transmettre ce qui n'a jamais été dit, comprendre une souffrance, et parfois elle est la petite impulsion qui fait toute la différence sur un parcours.

Je crois fermement que l'amour, pour soi et pour les autres, est ce qui compte véritablement dans notre passage sur Terre.

Ainsi, après cette longue odyssée, j'ai trouvé ma voie et cela m'a appris l'humilité. J'ai appris à travailler de concert avec mes guides et à avancer avec sagacité dans ce monde à la fois paradoxal et exigeant.

La spiritualité n'est pas une fuite; c'est un chemin de retour vers soi, pour mieux se connaître, et vers les autres, éclairé par l'amour et la conviction de la présence d'une force supérieure au-dessus de nos têtes. C'est ce chemin que je souhaite partager aujourd'hui avec ceux qui cherchent un sens, une connexion ou simplement une écoute bienveillante.

L'IMPORTANCE DE LA CONSCIENCE ET DE L'ALIGNEMENT DANS LA PRATIQUE SPIRITUELLE ET MAGIQUE

Je ne prétends pas détenir une vérité absolue sur la spiritualité et la magie, mais je parle de ce que j'ai observé et vécu, des épreuves et des révélations qui ont jalonné mon parcours. La pratique magique en elle-même est un acte sacré, une immersion profonde dans les mystères de l'univers, qui nous révèle avant tout à nous-mêmes. Elle n'est pas une série de rituels ni un entremêlement de formules dénuées de conscience; elle est le miroir de notre propre cœur, de nos intentions, de notre pureté intérieure, et de notre alignement avec ce qui est juste et vrai.

Avant d'aborder la magie, avant même de prononcer une incantation ou d'allumer une bougie, il est essentiel de sonder ses propres profondeurs.

Qui suis-je dans cette quête ?

Suis-je en paix ?

Suis-je en accord avec mes actions, mes valeurs ?

Suis-je dans la bienveillance ?

Ce sont là des questions préalables, car la magie mal comprise ou précipitée devient dangereuse ; elle retourne vers celui qui la lance comme une puissance mal domptée, intensifiant ce qui n'est pas résolu.

Prendre la route de la spiritualité et de la magie exige de se poser, de comprendre ses intentions et de reconnaître que l'acte magique est une expression de soi, une projection de notre propre énergie, et que cette énergie, si elle n'est pas maîtrisée, peut se retourner contre nous.

La magie véritable n'est ni une arme ni une force de domination. Elle est un art subtil d'alignement et de réconciliation. J'ai appris que se protéger n'est pas entrer en opposition avec une force extérieure, mais cultiver un espace intérieur purifié, veiller à la qualité de son énergie, de ses pensées, de ses paroles. La vraie magie réside dans cet état d'être.

Il n'est rien de plus puissant qu'une parole juste et intègre, car elle est notre premier bouclier, notre première prière. Toute invocation, tout rituel, ne peut faire l'impasse sur cette préparation intérieure ; sinon, au lieu d'appeler la lumière, nous risquons d'attirer l'ombre.

La magie, je le redis, ne doit pas être un moyen d'assouvir une soif de pouvoir. Elle requiert la plus grande éthique, le respect de la liberté d'autrui, l'acceptation des lois universelles qui régissent notre univers. À notre époque, où les conséquences de nos actes semblent s'accélérer, la magie noire, ou toute autre magie visant à dominer ou à nuire à l'autre, revient à engager une dette qui ne tarde pas à nous retrouver pour en payer le tribut. Le karma intervient immédiatement.

L'alignement personnel est donc primordial: **suis-je honnête, droit, en paix avec moi-même?** Sans cette clarté, la magie devient une fuite, un mirage, une distraction dangereuse de la voie divine.

J'ai vu, à maintes reprises, l'importance de la thérapie psychologique dans ce parcours. Se tourner vers la spiritualité sans d'abord avoir apaisé ses souffrances intérieures, ses blessures d'enfant, ses complexes ou ses épreuves, revient souvent à chercher dans la magie ou la voyance une solution miracle aux peines qui exigent d'abord de nous confronter à nos ombres et traumatismes avant de trouver notre propre lumière. Quand on accumule beaucoup de choses sous le tapis, ça finit par être trop encombrant, il en est de même pour l'esprit quand on ne vient pas régler ce qui nous a fait mal.

Une thérapie nous permet de nous connaître, de pacifier nos tourments, de retrouver une confiance solide qui nous aide à naviguer en conscience. La spiritualité n'est pas un refuge pour les douleurs, mais une célébration de la guérison, une reconnaissance de l'âme une fois les poids allégés. On sous-estime encore trop l'importance et le pouvoir de la santé mentale. À mon sens, chaque individu sur Terre devrait avoir fait une thérapie au moins une fois dans sa vie. L'être humain est une machine complexe, rappelez-vous qu'il est fait de sept corps au total, entre lesquels existent des ponts pour connecter toutes les parties qui le composent. Chacune de ces parties est à honorer et nous devons prendre soin de cette trinité pour avancer sur un chemin de sagesse:

- Le corps (organes, corps physique, matière).
- L'esprit (la sphère cérébrale, créative, mentale et psychologique).
- L'âme (l'énergie, les fréquences vibratoires et la partie de nous connectée au Divin).

C'est une échelle initiatique ; il faut gravir chaque marche sans brûler les étapes, comprendre que rien de durable ne peut demeurer sans équilibre. Les mémoires, qu'elles proviennent de vos vies antérieures ou soient issues de notre incarnation actuelle, peuvent remonter de bien des manières à travers le corps, le mental, ou sur le plan quantique. Elles sont parfois longues à dissoudre pour libérer quelqu'un. Voici pourquoi il est important de travailler sur différents plans.

Lorsque nous nous relions pleinement à notre essence, alors la spiritualité devient ce qu'elle doit être : un espace d'éveil, de conscience aiguisée, et non une fuite ni une dépendance. La magie, dans cette lumière, vient confirmer ce que nous ressentons déjà, nous aider à discerner certains contours, mais ne peut remplacer la responsabilité qui est la nôtre de façonner notre propre destin.

La spiritualité n'est pas là pour nous sauver. Elle ne doit jamais se substituer à notre libre arbitre, à notre capacité de décision et notre réelle volonté de nous en sortir en nous responsabilisant.

J'ai vu tant de gens s'égarer en remettant leurs choix dans les mains d'un voyant, ou d'un praticien holistique, déléguant leur pouvoir de décision et s'enfermant dans des schémas de dépendance qui, au lieu de les élever, les asservissent. La spiritualité doit être une source de liberté et d'expansion de soi, jamais un poids ni une cage.

Je suis de celles qui pensent qu'on ne doit **jamais** faire de magie pour autrui sans son consentement préalable. À mon sens, intervenir sans accord dans l'énergie subtile d'une personne constitue une forme de transgression et de violation. Le respect du libre arbitre est l'une des premières lois du cheminement spirituel. Chacun doit vivre comme il l'entend, et on ne peut éviter ce qui est déjà écrit, même pour nos êtres chers.

Pour ma part, j'ai choisi la lumière, la vie, la joie, et je me tourne vers des êtres qui incarnent l'amour inconditionnel, comme les archanges, les Guides et les Saints, pour recevoir une guidance pure et protégée de tout parasite astral.

Ces êtres dévoués à l'amour et à la compassion m'inspirent au quotidien. Pourtant, même cette communion doit être vécue dans un alignement profond, car si l'on appelle des forces de lumière sans être soi-même dans cet état, ce ne sont pas ces guides qui apparaîtront, mais des énergies trompeuses qui prendront l'apparence de ce qu'on espère voir. Ces dernières années m'ont appris à n'ouvrir la porte de la magie et de l'énergétique que lorsque je suis sûre de mon équilibre et de ma quiétude intérieure.

La magie est tout autour de nous, elle pulse dans nos intentions, dans nos mots, dans les vibrations que nous émettons chaque jour.

C'est ainsi que les malédictions naissent, sans même que leurs auteurs en aient conscience: des mots de colère, des jugements, des vœux négatifs qui, émis avec intensité, provoquent des chaînes de souffrances, souvent répétées de génération en génération (exemple: «Je te hais», «Je te maudis, toi et ta famille»).

Le verbe est créateur; il porte une empreinte énergétique.

Veillons donc à nos paroles, à notre cœur. Laisser la vengeance, la jalousie, ou la haine nous animer ne fait que raviver d'anciennes dettes karmiques, réactiver des relations douloureuses que nous sommes ici pour pacifier et non pour les perpétuer. Parfois, ce que nous vivons de difficile dans nos vies ou dans une relation est la chance offerte de clore enfin un cycle de souffrance et de libérer des liens karmiques ou des lignées.

Quant aux pratiques de fabrication de talismans, il est essentiel de garder du bon sens quand on les réalise. Rien ne sert de chercher des talismans pour des désirs irréalisables ou mus par l'ego; un talisman peut nous soutenir, amplifier notre énergie, mais il ne remplace jamais l'effort, l'engagement, ou les décisions que nous prenons.

Une maladie, par exemple, peut être une expérience choisie par l'âme, une épreuve à traverser et non un obstacle à contourner. C'est généralement l'occasion d'écouter ce que le corps souhaite exprimer et que l'inconscient réprime.

Enfin, j'ajouterais un mot sur la spiritualité 2.0, cette spiritualité contemporaine, si présente sur les réseaux ces dernières années.

Elle offre une richesse inédite, dans laquelle les techniques énergétiques et la voyance se démocratisent enfin dans notre société, mais elle comporte aussi des pièges: les gourous, les charlatans, ceux qui ne maîtrisent pas du tout leurs capacités et ceux qui pensent que la spiritualité est un incroyable business. Certains se proclament détenteurs de LA vérité, et imposent leur pensée unique. Le dogme est une prison. Je ne cesserai jamais de le rappeler, mais écoutez votre propre voix intérieure, questionnez ce qui vous est dit. Est-ce que cela trouve un puissant écho en vous? Fiez-vous à votre intuition et ressentez, au-delà des mots, si cette spiritualité vous élève vraiment. Il n'existe pas de chemin unique, car en réalité chacun porte en soi une parcelle de vérité qui constitue le Grand Tout.

Il y a plein de chemins de traverse pour atteindre Dieu, vous avez le droit d'explorer comme vous l'entendez votre spiritualité tant que cela reste dans l'amour et le respect pour vous et pour les autres. Celui ou celle qui vous indique qu'il ne faut pas faire ci ou penser comme ça, est un gourou, prenez vos jambes à votre cou.

Je vois encore trop de thérapeutes holistiques qui n'ont pas guéri de leurs propres blessures, parlant de certaines thématiques ou concepts New Age dans leurs vidéos et entraînant avec eux des gens qui vivent la même chose ou qui en ont l'illusion. Il y a un sentiment d'appartenance, d'être compris et entendu. Mais cela vient parfois empirer une situation dans laquelle vous êtes enfermé.

Prenons l'exemple très clivant des flammes jumelles.

Combien de personnes croient que la personne qu'ils aiment est leur destinée (même quand cette personne ne donne plus de nouvelles depuis des années) ? Il y a des personnes qui vont attendre, espérer toute une vie tout simplement parce qu'une voyante leur a dit que c'était LA bonne personne, que l'autre est sa flamme jumelle et qu'il y a une mécanique complexe qui s'est installée autour de ça. Tant de souffrances inutiles à croire qu'il est normal de devoir « courir » après un autre qui nous rejette, car il n'aurait pas encore intégré cette réalité. Combien d'hommes et de femmes ai-je reçus en consultation, complètement désespérés de ne plus savoir à qui s'en remettre pour avoir la bonne information, et ayant besoin de retrouver de la normalité dans leur vie amoureuse ?

J'ajouterais par ailleurs, au risque d'en contrarier certains, que je ne crois malheureusement pas aux flammes jumelles. Nous avons plusieurs âmes sœurs et quand nous recroisons celles-ci dans notre incarnation, c'est un sentiment très fort, au-delà de tout. Des liens très forts se réactivent. Une connexion puissante et réelle, mais qui ne veut pas forcément dire que les personnes finiront mariées et heureuses ensemble. Il y a tout un tas de scénarios possibles pour les âmes sœurs et, selon le karma à travailler avec elles, cela peut être une grande souffrance que de croiser leur chemin ; cependant, faire face à ce défi nous élèvera toujours au bout du compte, si l'on a le courage de vouloir transcender cette fatalité.

Ne minimisons jamais l'aspect positif d'une thérapie, qui viendra identifier et endiguer un schéma répétitif, ou une relation archétypale qui puisera sa genèse et son explication dans l'enfance ou l'histoire familiale. Se libérer de ce carcan permet de reprendre son propre chemin débarrassé des croyances culturelles héritées, de ce que nos parents ont pu projeter sur nous ou encore des humiliations que l'on a pu recevoir dans notre vie. Le travail sur soi nous allège, et permet ensuite que l'on s'élève.

Faites preuve de sagesse et ne faites pas l'autruche quand vous rencontrez une résistance insoluble dans votre vie, c'est en général l'indicateur pour changer de route, de parcours ou de partenaire.

LES RED FLAGS[1]

Pour finir, il y a quelques *red flags* que l'on peut observer dans le domaine spirituel.

L'appropriation culturelle de rites sans respect des traditions

Prenons l'exemple du néochamanisme qui vit ses belles heures en Occident. Pourtant, dans les cultures amazoniennes ou mongoles, l'initiation débute dès le plus jeune âge afin d'être en pleine maîtrise des énergies primitives qui sont complexes à comprendre et à gérer. Il ne suffit pas de taper dans un tambour pour s'autoproclamer chaman, il faut un réel encadrement qui dure plusieurs années. Bien souvent, les néochamans ouvrent des portails de bas astral dans lesquels n'importe quelle entité peut s'engouffrer (et elle ne sera pas forcément lumineuse).

1. Ndla : les dangers.

On a également vu fleurir ces deux dernières années des techniques énergétiques venues tout droit d'Asie. Vous avez sûrement vu des vidéos impressionnantes de jeunes femmes lors de séances collectives, criant, pleurant, tandis que leur corps est parcouru de soubresauts.

Pour certains individus, cela peut être dangereux quand il n'y a pas d'accompagnement psychologique.

Pourquoi ?

Ces techniques visent à la libération émotionnelle et au réalignement. Mais elles font remonter tout un tas de choses verrouillées dans notre subconscient (pour nous protéger), ce qui peut amener certaines personnes à « décompenser » après ces séances (déclenchement ou aggravation d'une maladie psychiatrique).

Cela nous confronte parfois violemment à nos parts d'ombre, et si elles n'ont pas été mises en lumière au préalable à travers un travail thérapeutique, elles peuvent être vécues de manière très difficile.

L'adrénaline ressentie après ces soins est comme un « shot » : cela entraîne un bien-être immédiat, puis un grand vide. Certaines personnes disent même mettre plusieurs jours, voire des semaines, pour s'en remettre. Je sais bien que ces praticiens ne pensent pas à mal et souhaitent aider l'autre, mais il faut prendre conscience que certaines techniques énergétiques orientales ne sont pas du tout adaptées aux Occidentaux, tout simplement parce que nos cultures et façons de voir le monde, de le vivre, sont complètement différentes. De plus, nous n'avons pas les mêmes névroses et fêlures. L'énergétique doit être pratiquée avec douceur et par paliers.

L'argent dans le domaine spirituel

Il y a une croyance très ancrée selon laquelle les personnes disposant de dons de guérison ou médiumniques ne devraient pas se faire rémunérer. Je ne la partage pas, tout simplement parce que le système du troc n'existe plus. Aujourd'hui, nous ne pouvons vivre d'amour et d'eau fraîche, il y a des impôts, et des charges à payer.

Jésus a pu répandre ses enseignements car il était financé, soutenu, nourri, et logé par des gens fortunés. Les rebouteux dans les villages reçoivent une contrepartie pour leurs services. Chacun a sa propre mission sur Terre et personne ne devrait être lésé pour assumer celle-ci, toutefois demander des sommes astronomiques pour aider autrui pose un réel problème d'éthique et ne sert pas la cause. Par exemple, quelqu'un qui vient spontanément vous démarcher sur les réseaux pour vous proposer ses services doit vous interpeller. C'est tout d'abord très intrusif, et lorsqu'on est un bon médium, ou une bonne énergéticienne, croyez-moi nous n'avons aucunement besoin de prospecter. Les gens viennent spontanément, guidés par le bouche-à-oreille ou par une réelle envie.

L'emprise

Un praticien holistique qui vous fait revenir tous les mois (voire toutes les semaines) dans le but de vous « aider » parce qu'il n'a pas fini « le travail », ou qui vous plume sans vergogne (sous couvert de vous enlever une malédiction ou autre) est problématique et peut être signalé à la **Miviludes**, qui est la **Mission interministérielle de vigilance et de lutte contre les dérives sectaires**. Dissiper un travail de magie noire est parfois long et fastidieux, cela peut prendre plusieurs séances pour un thérapeute holistique, c'est vrai, mais si cela est fait dans le but de vous demander des sommes indécentes durant des mois, ce n'est absolument pas normal.

Si vous vous sentez manipulé, en danger, sous emprise et pris au piège avec un thérapeute, je vous recommande vivement de contacter cet organisme. J'ai malheureusement pu constater bon nombre de dérives dans le domaine spirituel, de praticiens jouant sur les biais cognitifs des gens et faisant ainsi leur beurre sur l'activation de la peur.

Si nos professions sont légales depuis 1994, je pense qu'il serait important de les réglementer avec des chartes.

Les thérapeutes holistiques devraient être formés pour déceler le mal-être et inciter le consultant à se faire aider et ne pas en profiter comme beaucoup le font.

Le médical et la spiritualité

Un avis médical ne doit jamais être remis en cause par un praticien holistique. Personne ne doit décider à votre place de ce que vous faites en votre âme et conscience, et surtout venir remettre en doute un traitement prescrit par un médecin.

Nous devrions au contraire travailler de concert tous ensemble pour veiller à l'amélioration de la santé globale d'une personne dans toutes ses dimensions. Cessons d'opposer les pratiques, apprenons à nous respecter dans nos disciplines et à nous comprendre.

L'ultrafolklore

Il y a une grande dérive dans les stages de néotantras, de néochamanisme, ou certains types de yoga. Non, la spiritualité, ce n'est pas crier dans la nature, se tordre de douleur dans tous les sens, se couvrir de boue, faire des rituels au clair de lune avec lesquels on ne se sent pas à l'aise, encore moins « des initiations sexuelles ». Vous devez bien vous renseigner au préalable pour avoir tous les tenants et les aboutissants avant d'intégrer un stage (qui l'encadre, la supervision, les références de la personne). Veillez à ce qu'aucune obligation ne soit faite durant celui-ci. Et si, par mégarde, vous vous retrouvez dans un stage qui ne vous fait pas vous sentir en sécurité, vous avez la possibilité de le quitter immédiatement.

Il y a de vraies quêtes de pouvoir dans le domaine spirituel, tout n'est pas que lumière.

Les promesses *via* la magie

Quelqu'un qui pratique la magie noire, le vaudou, etc., et qui vous promet de faire revenir votre ex, ou de vous guérir du cancer, le tout moyennant de l'argent, est à fuir. Ce n'est pas éthique, c'est formellement interdit par les lois universelles du karma et cela pourrait se retourner contre vous, surtout si la magie manipule les énergies d'une tierce personne.

N'oubliez pas dans la vie que tout est juste, même si cela nous met parfois en colère, ou nous peine profondément. La spiritualité est un long processus de compréhension globale des choses, un chemin initiatique tout au long de notre vie. Ce sont des étapes que nous avons choisies. Nous ne recevons aucune épreuve que notre âme ne pourrait pas surmonter. Parfois, mieux vaut aller dépenser de l'argent en thérapie afin de faire le deuil d'une relation, ou de comprendre des choses sur nous que de donner de l'argent à un marabout.

Par ailleurs, je voudrais souligner qu'en tant que médium/énergéticienne, je n'ai jamais autant assisté à une recrudescence de magie que ces dernières années. Je trouve que beaucoup de personnes sont victimes de magie noire et du mauvais œil. J'en suis venue au constat que notre société moderne éloigne l'homme de sa spiritualité, l'ultratechnologie et cette ère numérique éloignent l'humain de son cœur pour le conduire à de bas instincts.

La jalousie, l'envie se mêlent au besoin de succès immédiat et retentissant, au lieu de prendre le temps d'intégrer en douceur et avec sagesse toutes les étapes de nos vies sans se comparer aux autres. Les gens ont un réel besoin d'existence et de reconnaissance. Chacun a un destin qui lui est propre, et si l'herbe paraît plus verte chez le voisin, détrompez-vous, on ne sait jamais ce qu'il se passe vraiment chez l'autre une fois les portes closes. Bien souvent, il n'y a rien à envier.

La magie ne se limite pas aux domaines professionnels ou financiers; on la retrouve également, et de manière abondante, utilisée à des fins amoureuses, pour influencer les dynamiques familiales, intervenir dans les vies sentimentales, les naissances, la santé, et bien d'autres aspects intimes de l'existence.

À chaque époque, les thérapeutes holistiques nettoient des thématiques récurrentes. Mon grand-père, par exemple, pratiquait des exorcismes. Beaucoup de personnes s'essayaient au spiritisme, ouvrant de grandes portes aux entités de bas astral qui cherchaient par tous les moyens à « posséder » ceux qui les avaient appelés. Les gens ne savaient pas à quoi ils se frottaient et beaucoup étaient inconscients du danger. La génération de mon grand-père a contribué à nettoyer et à renvoyer dans leur plan d'origine toutes ces entités démoniaques.

Ma génération de médiums et d'énergéticiens a eu le chemin grandement balayé par les anciens, nous pouvons donc nous concentrer par exemple sur l'exploration des schémas transgénérationnels, les malédictions familiales ou encore sur l'aspect karmique de nos existences.

En conclusion, souvenez-vous : la spiritualité et la magie doivent être des voies de libération, d'apaisement et d'harmonie.

Elles ne doivent jamais être un fardeau ni une source de mal-être ou de culpabilisation. Vous trouverez de l'aide, et des gens foncièrement bons dans ce domaine, mais vous devez être conscient que l'amélioration de votre qualité de vie (qui amènera invariablement de l'équilibre) doit passer par la responsabilité des choix que vous ferez pour trouver une issue.

« Entre l'acte et la matière, jaillit l'étincelle[1]. »

Vous êtes le maître de votre destinée ; gardez foi en vous-même, cherchez la lumière en conscience, et que votre pratique reste toujours ancrée dans l'amour et le respect. Déculpabilisez-vous si vous vous êtes parfois égaré, que vous vous êtes trompé ou si vous avez fait une mauvaise rencontre. Cela fait partie du chemin, celui que vous devez expérimenter.

La meilleure manière de vivre votre spiritualité n'est pas de vous éparpiller partout, mais d'avoir une foi absolue en Dieu ou la Source, cette grande force qui régit l'univers, d'avoir confiance en vous, d'être à votre écoute, et de tâcher de faire au mieux dans tout ce que vous accomplissez.

Dressez un bilan de votre vie, demandez-vous ce dont vous êtes fier. Si rien ne vous vient, ce n'est pas un échec, c'est simplement que le meilleur reste à faire. Parfois, nous avons l'impression de sombrer alors que nous sommes simplement en train de nous élever.

1. Gitta Mallasz, *dialogues avec l'ange*, Aubier, 1994.

Franchir des paliers de conscience, élever son âme est puissant, profond et parfois inconfortable. Mais la lumière réapparaît toujours, et avec elle de l'aide, du renouveau et une vraie confiance en soi.

Dernière chose et pas des moindres : il n'est jamais trop tard pour se réaliser ou pour changer.

CHAPITRE 3

Talismans, amulettes et pentacles : des symboles entre protection et pouvoir

HISTORIQUE

L'histoire de l'humanité est profondément liée aux croyances mystiques et ésotériques. Certains spécialistes prétendent même que la magie existait déjà du temps de la Préhistoire.

Depuis l'aube des civilisations, l'humain a cherché à comprendre et à maîtriser les forces invisibles qui régissent le monde.

Les peuples primitifs ont compris comment fonctionnait la magie: celle-ci passe par le plan astral pour agir sur la matière.

Je vais faire une petite parenthèse pour vous aider à mieux comprendre l'envergure des différents plans subtils et de notre structure globale énergétique.

LES SEPT CORPS SUBTILS ET LEURS FONCTIONS

Chaque être humain possède plusieurs «corps» ou «enveloppes énergétiques» superposées au corps physique, formant ensemble ce qu'on appelle «l'aura» ou le «champ énergétique».

Ces sept corps énergétiques sont censés vibrer à des fréquences vibratoires différentes et remplissent des rôles bien distincts:

- **Le corps physique.** Il est le matériel, visible et palpable, composé de chair, d'organes, de sang et d'os. C'est le véhicule de notre existence sur Terre. Son bien-être dépend de la santé physique, de ce que nous mangeons, de l'exercice sportif, et de l'équilibre des autres corps énergétiques. Il sert de point d'ancrage pour l'âme dans le monde matériel.
- **Le corps éthérique (ou corps vital).** C'est la couche la plus proche du corps physique, celle sur laquelle le magnétisme est pratiqué, souvent perçue comme un champ d'énergie subtile qui double notre corps matériel. On peut la sentir avec la main quand on se concentre. On ressent un léger picotement dans la paume. Le corps éthérique est lié à l'énergie vitale (le *prāṇa* en Inde, ou le *chi* en médecine chinoise) et est responsable de la vitalité, de la régénération, et de l'équilibre des organes et cellules du corps physique. Il constitue un pont entre le physique et les plans énergétiques et apporte l'énergie subtile dont le corps physique a besoin pour être équilibré et fonctionnel.
- **Corps émotionnel (ou astral).** Ce corps est associé à la sphère émotionnelle; il est composé d'énergies qui fluctuent en fonction des sentiments que nous ressentons. C'est celui qui se balade la nuit et qui est relié par un cordon d'argent à notre corps physique. Il est le temple des émotions que nous reflétons qui viennent affecter directement le corps astral, qui influe à son tour sur le bien-être global de l'être. L'harmonie intérieure, le fait d'être centré, permet d'éviter les attaques astrales ou le mauvais œil, car là où il y a une quiétude intérieure et de la lumière, il n'y pas de failles.
- **Corps mental inférieur.** Il est lié aux pensées conscientes, aux croyances, à la conceptualisation et tout ce qui touche à l'intellectuel. Il permet l'analyse, la logique, et la pensée

rationnelle. Il est le siège des formes pensées. Les pensées répétitives, les croyances et la manière dont nous agissons créent des vibrations dans ce corps, qui peuvent être constructives ou destructrices pour l'ensemble de l'aura. Le corps mental inférieur est aussi lié à notre perception de la réalité. La sphère mentale peut être attaquée par des entités qui viennent polluer l'esprit. Pour entretenir ce corps, mieux vaut se préserver des faits divers, des nouvelles qui amènent de la peur ou de la manipulation et viennent ainsi bouleverser l'équilibre.

- **Corps mental supérieur (ou corps causal).** Il est situé au-dessus du mental inférieur, il est la carte mémoire de tout ce que nous avons vécu. C'est par lui que passent les guides pour envoyer des images, des flashs, voire des idées pour que nous puissions les comprendre à l'échelle humaine. Ce corps est associé à la sagesse intérieure, à la connaissance intuitive et à la compréhension des lois universelles. Il nous invite à dépasser l'ego et à travailler sur le subconscient afin de ne pas vivre de blocage dans le présent. Il contient la mémoire karmique, c'est un plan intelligent qui nous permet d'aller au-delà des apparences et de comprendre nos épreuves avec un prisme spirituel. Une fois transcendé, il permet d'accéder aux sphères divines.
- **Corps bouddhique (ou corps spirituel).** Celui-ci est centré sur la compassion, l'amour inconditionnel, et la connexion avec les autres êtres vivants. C'est le moi supérieur, la conscience élevée de l'individu. Relié au troisième œil, c'est le corps qui permet l'extralucidité, l'illumination. Il vient apporter l'expérience de l'unité et de l'amour universel. Ce corps élève la conscience vers une perspective plus sage, permettant de comprendre notre mission d'âme et de ressentir l'interconnexion avec tout ce qui existe. C'est le corps par lequel passent les expériences mystiques et les états de conscience modifiés profonds.

- **Corps atmique (ou corps divin).** Il est le corps énergétique le plus élevé et le plus subtil, en lien avec Dieu. Il détient la Vérité, la conscience cosmique. Une fois ce plan atteint, nous pouvons sortir du cycle de réincarnation et ainsi réintégrer toute la connaissance divine.

Chez certains peuples dits «primitifs», on croyait fermement en l'existence d'un «double» associé à chaque être, ou objet.

Ce «double» est une entité immatérielle et intangible, difficile à saisir, une sorte de reflet ou d'écho de l'être sur un plan parallèle. De nombreuses traditions affirment qu'un lien subtil mais très fort le relie à un individu, de telle sorte que toute atteinte à ce «double» se répercute directement sur la personne elle-même. Par exemple, certaines communautés interdisent de pénétrer dans l'ombre d'un autre, croyant que ce geste pourrait attirer la malchance ou nuire à celui qui est concerné.

La croyance que celui qui possède un portrait a, en quelque sorte, un pouvoir sur l'individu représenté est excessivement répandue, les exemples abondent. Cette croyance est vraie, car ceux qui pratiquent la magie noire, avec un nom, un prénom ou une photo peuvent faire des dégâts. Georges Catlin, un peintre américain, a raconté dans ses récits d'exploration les difficultés qu'il a rencontrées pour dessiner les peuples des Premières Nations.

Ce qu'il faut retenir en somme, c'est que nous existons sur une dimension physique et des plans subtils supérieurs. Tout ce qui est en haut est en bas. Nous sommes composés de sept corps en tout.

On peut donc atteindre quelqu'un dans le monde physique et matériel en passant par le plan astral. La magie peut interagir aussi bien sur le plan mental que sur le plan physique ou éthérique.

Cette notion de magie existait déjà en Égypte antique, il y a non seulement des traces sur les parois des tombeaux, mais les papyrus ont conservé de véritables manuels d'envoûtement.

Lorsque nous arrivons à la civilisation chrétienne, tout le Moyen Âge est rempli de traces de pratiques magiques, on y voit également l'émergence des arts divinatoires comme l'astrologie ou le Tarot de Marseille.

Au cours de mes recherches pour l'écriture de ce livre, je fus sidérée de découvrir une anecdote en particulier.

À l'époque où les Papes étaient encore à Avignon, l'évêque de Cahors, mécontent de Jean XXII – son compatriote – et de son neveu, le cardinal d'Avignon, décida de recourir à la magie pour se débarrasser d'eux. Il fit alors fabriquer à Toulouse deux poupées de cire, l'une portant les ornements pontificaux et l'autre les attributs cardinalices. Afin d'ancrer la ressemblance avec les cibles, elles furent baptisées et confirmées en leurs noms dans la chapelle de l'évêque de Toulouse. Après des incantations mêlant prières latines, hébraïques et blasphèmes, l'évêque perça les poupées avec un stylet d'argent, clamant : « Que le pape Jean XXII meure ! » Peu après, le cardinal d'Avignon décéda brutalement.

Je vous laisse imaginer la triste fin de ce religieux sur la place publique après qu'il fût démasqué avec ses poupées vaudoues.

Qui aurait pu penser qu'un homme d'Église puisse mettre ses mains dans la magie noire ? La magie est partout. Dans toutes les sphères.

LES TALISMANS, AMULETTES ET PENTACLES

J'ai trouvé intéressant d'explorer les différences fondamentales entre ces artefacts magiques que sont les talismans, les pentacles et les amulettes afin de découvrir leurs origines historiques et les cultures qui les ont utilisés à travers les âges.

Il existe différentes manières de procéder pour se protéger et attirer les influences bénéfiques qui se transmettent de génération en génération à travers toutes les cultures du monde.

Les talismans : des objets de pouvoir

Le mot « talisman » vient de l'arabe ***ṭílasm***, dérivé du grec ***télesma*** qui signifie « rituel religieux » ou « accomplissement ».

Le talisman est un objet chargé d'une énergie spécifique qui a pour but d'attirer une influence positive ou de canaliser une force particulière. Contrairement à une amulette, qui protège de manière passive, le talisman agit activement sur le porteur ou sur l'environnement pour provoquer des changements souhaités.

Les talismans sont souvent créés lors de rituels précis, pendant lesquels l'objet est « chargé » d'énergie par des incantations ou des prières. Ils peuvent être fabriqués à partir de divers matériaux, comme des métaux précieux, des pierres, du parchemin, ou même des plantes. Ce qui distingue un talisman est la personnalisation de son symbolisme, souvent lié à une intention spécifique : attirer l'amour, renforcer la chance, accroître la sagesse, ou protéger lors d'un voyage.

Les talismans apparaissent dans de nombreuses cultures. Dans l'Égypte antique, l'**Œil d'Horus** était utilisé comme talisman pour assurer la protection divine. En Europe médiévale, les alchimistes et les magiciens fabriquaient des talismans gravés avec des symboles astrologiques ou à caractères cabalistiques pour concentrer les énergies des planètes et des étoiles.

LES AMULETTES : DES BOUCLIERS DE PROTECTION

L'amulette, quant à elle, se distingue par sa fonction protectrice. Son but principal est de repousser les influences néfastes, de protéger son porteur contre les dangers spirituels ou physiques, et d'écarter le mauvais sort. Étymologiquement, le terme « amulette » dérive du latin ***amuletum***, qui désigne un objet porteur de protection contre les maux de tout ordre.

Contrairement aux talismans, qui sont souvent activés par un rituel, les amulettes tirent leur pouvoir de leur forme, de leur matériau ou de leur symbolisme inhérent. Elles peuvent être des pierres naturelles, des morceaux de bois, des symboles religieux (comme les croix chrétiennes ou les mains de Fatma), ou même des figures animales. Leur efficacité est souvent liée à la croyance en leur pouvoir intrinsèque, sans nécessiter de cérémonie d'activation.

Les amulettes sont présentes dans presque toutes les cultures. Les Romains portaient des amulettes appelées **« bulla »**, que les enfants recevaient peu après leur naissance pour se protéger des mauvais esprits. En Afrique, les **grigris** sont utilisés pour se prémunir contre les forces négatives. Dans les traditions nordiques, les runes gravées sur des amulettes en bois ou en pierre servaient à protéger contre les malédictions et à invoquer la force des dieux.

Les pentacles : des symboles sacrés et magiques

Le pentacle, souvent confondu avec le pentagramme (une étoile à cinq branches), est un symbole magique et ésotérique qui remonte à des milliers d'années. Le mot « pentacle » dérive du grec ***pente*** (cinq) et désigne généralement un disque sur lequel est inscrit un symbole sacré, souvent un pentagramme (exemple : les pentacles planétaires, le sceau de Salomon ou le tetragrammaton), associé à des pouvoirs occultes. Les pentacles sont généralement utilisés dans des pratiques magiques pour invoquer des forces spirituelles, protéger contre les esprits malveillants ou canaliser l'énergie cosmique.

Les pentacles ont une longue histoire dans les traditions ésotériques. Ils étaient utilisés par les anciens Égyptiens, qui gravaient des symboles divins sur des médaillons pour invoquer la protection des dieux. Dans la tradition juive, les pentacles sont associés à la **Kabbale**, où des figures géométriques sont gravées sur des objets pour attirer la sagesse divine et éloigner les forces négatives. Au Moyen Âge, les pentacles étaient intégrés dans les grimoires magiques, où ils servaient de portails pour communiquer avec les anges, les esprits ou les démons.

Contrairement aux talismans et aux amulettes, les pentacles sont souvent utilisés dans des rituels complexes impliquant des cercles magiques, des incantations et des invocations d'entités spirituelles. Le **sceau de Salomon**, par exemple, est un symbole complexe de protection et d'autorité sur les esprits, souvent associé au roi Salomon et à la magie salomonienne.

Origines et cultures : un héritage universel

Les talismans, amulettes et pentacles sont des concepts universels que l'on retrouve dans de nombreuses cultures à travers l'histoire, souvent avec des significations et des usages similaires.

- **Égypte antique**. Les Égyptiens utilisaient des talismans et des amulettes pour protéger les vivants et les morts. Les amulettes, telles que le scarabée ou l'Œil d'Horus, étaient couramment placées dans les tombes pour protéger les défunts dans l'au-delà.
- **Mésopotamie**. Les Sumériens et Babyloniens utilisaient des amulettes en forme de figurines pour éloigner les mauvais esprits. Les incantations et les objets sacrés étaient gravés sur des cylindres d'argile utilisés comme talismans.
- **Europe médiévale**. Les pentacles étaient gravés sur des boucliers et des armes pour assurer la victoire au combat. Les talismans astrologiques étaient populaires parmi les alchimistes et les magiciens pour concentrer les énergies planétaires.
- **Traditions islamiques**. Les versets du Coran étaient souvent inscrits sur des talismans pour invoquer la protection divine. Les amulettes en forme de main, connues sous le nom de **Khamsa** ou **main de Fatma**, sont encore largement utilisées dans le monde musulman pour écarter le mauvais œil.
- **Asie**. En Chine, les **caractères calligraphiés** sur des parchemins servaient de talismans pour attirer la bonne fortune ou éloigner les démons. Au Japon, les **Omamori**, petites amulettes vendues dans les temples shintoïstes, sont utilisées pour assurer la sécurité, la santé ou la réussite.

Ces objets sacrés continuent d'exercer une fascination sur l'homme moderne. Que ce soit pour attirer la chance, éloigner le mal ou canaliser des forces spirituelles, les talismans, amulettes et pentacles perpétuent une tradition mystique profondément enracinée dans la psyché humaine. Leurs origines se perdent dans la nuit des temps, mais leur pouvoir reste vivace, évoluant au gré des croyances et des cultures.

J'ai eu la chance d'observer lors de différentes expositions dans des musées, de vieilles reliques magiques issues d'anciennes traditions, comme en 2023, au Musée Guimet, qui présentait « Médecines d'Asie. L'art de l'équilibre ». J'ai approché avec fascination des tenues traditionnelles chamaniques, et découvert de vieux parchemins hindous décrivant les différents chakras. C'était fabuleux de voir que ce savoir ancestral ne s'est finalement jamais perdu à travers les siècles.

Sachez que même chez les célébrités, il y a des croyances et des grigris.

Victoria Beckham est une fana de lithothérapie, Stéphane Bern porte toujours sur lui un Komboloï, un chapelet grec. Et comment faire l'impasse sur la reine française Catherine de Médicis ? Elle était reine de France au XVIe siècle et épouse du roi Henri II.

Son intérêt pour l'astrologie et l'occultisme a marqué une partie de sa réputation. Il est important de replacer ce rapport dans le contexte de son époque, car la Renaissance était une période où l'ésotérisme, l'astrologie, l'alchimie et la magie coexistaient avec la science et la religion dans une vision du monde encore empreinte de mysticisme.

La Renaissance a vu un regain d'intérêt pour les sciences occultes, la magie, et surtout l'astrologie, perçue à cette époque comme une discipline quasi-scientifique. Les astres étaient considérés comme ayant une influence directe sur la vie des individus, et l'astrologie avait des adeptes même parmi les élites. De nombreux souverains européens s'entouraient de conseillers astrologues.

Catherine de Médicis, issue de la famille Médicis, qui dominait Florence et avait une grande tradition d'ouverture à l'art, à la culture et aux sciences occultes, baignait dans cette atmosphère. Ses origines florentines ont largement influencé ses croyances et pratiques, car la Florence de l'époque était un centre d'érudition où se mélangeaient humanisme, alchimie, et astrologie.

La reine consultait régulièrement des astrologues. L'un des plus célèbres était Nostradamus, qu'elle fit venir à la cour pour interpréter des horoscopes et prédire l'avenir. Nostradamus aurait notamment prédit la mort violente de son mari, Henri II, qui mourut en effet à la suite d'une blessure infligée lors d'un tournoi en 1559.

Les astrologues étaient souvent consultés pour des décisions politiques ou personnelles, comme les mariages, les batailles ou les alliances diplomatiques. Catherine elle-même se serait fiée aux prévisions astrologiques pour orienter certaines de ses décisions politiques, dans une période extrêmement troublée par les guerres de religion entre catholiques et protestants.

Talisman de Catherine de Médicis, celui-ci symbolise le souhait de la reine de dompter les puissances célestes pour réaliser ses désirs et projets à venir.

Petit à petit, de génération en génération, nous œuvrons pour l'équilibre du monde, pour ramener de la lumière autour de nous et je suis convaincue que nous nous trouvons dans une ère de conscience divine qui se réveille enfin (même chez les plus endormis).

Pour en revenir à nos grigris, les talismans, amulettes et pentacles représentent trois approches différentes de la magie et de la protection.

Si les **amulettes** agissent comme des boucliers contre les influences néfastes, les **talismans** cherchent à attirer et concentrer les énergies positives. Les **pentacles**, plus complexes, servent à invoquer et maîtriser des forces spirituelles par des rituels précis.

Ces symboles anciens, bien que différents dans leur forme et leur fonction, témoignent de la quête éternelle de l'humanité pour se protéger des dangers invisibles et se rapprocher du divin.

CHAPITRE 4

La magie oui, mais pas à tout prix

Avant de rentrer dans le vif du sujet, je pense qu'il est indispensable de revenir sur les différentes manières de pratiquer la magie.

LA MAGIE ÉVOCATRICE ET LA MAGIE INVOCATRICE : DEUX PRATIQUES DIFFÉRENTES

La magie évocatrice et la magie invocatrice sont deux pratiques distinctes dans le domaine de l'occultisme et de l'ésotérisme, bien qu'elles partagent une similitude en invoquant des forces extérieures.

En revanche, leurs méthodes, objectifs et implications diffèrent grandement. Comprendre ces nuances est fondamental pour les personnes désireuses d'explorer ces voies magiques avec discernement et prudence.

La magie évocatrice : commandement des entités

La magie évocatrice consiste à appeler ou « évoquer » des entités extérieures, telles que des esprits, des démons, des anges ou des forces élémentaires, pour leur donner des ordres ou obtenir des services spécifiques.

L'évocation place le praticien dans une position d'autorité, utilisant des rituels, des incantations, des symboles, et parfois des cercles magiques pour contrôler et se protéger contre l'entité convoquée. Ces entités sont considérées comme des forces indépendantes du magicien, qui, une fois appelées, doivent être maîtrisées ou contraintes pour effectuer la tâche demandée.

Dans les traditions médiévales, telles que la magie salomonienne, l'évocation est couramment utilisée pour contrôler des esprits puissants afin d'obtenir des connaissances occultes ou accomplir des actes surnaturels. Les grimoires anciens, comme le *Lemegeton* (ou *Lemegeton Clavicula Salomonis*), regorgent de méthodes d'évocation, fournissant des instructions détaillées sur la manière d'évoquer et de soumettre ces entités. L'objectif principal est d'utiliser ces forces pour obtenir un résultat spécifique, souvent matériel ou informatif.

Toutefois, l'évocation peut être dangereuse. Le praticien, s'il n'est pas suffisamment préparé ou protégé, peut perdre le contrôle de l'entité, entraînant des conséquences imprévues, graves et parfois irréversibles.

Les esprits ou démons évoqués, bien que contraints temporairement, peuvent chercher à se libérer de l'emprise du magicien ou à manipuler la situation à leur avantage. Un manque de rigueur dans les protections rituelles peut conduire à des désordres spirituels, psychiques, voire physiques.

J'ajouterais qu'il y a toujours un tribut à payer tôt ou tard pour ce genre de pratique. Personnellement j'éviterai **grandement** de m'y frotter.

La magie invocatrice : communion avec les forces supérieures

La magie invocatrice vise à « invoquer » des énergies ou des sphères célestes en soi, en les appelant à descendre dans le magicien pour entrer en communion avec elles. Cette pratique est plus introspective et spirituelle, cherchant à attirer des forces supérieures, comme des divinités lumineuses, des anges, ou des énergies cosmiques, afin de recevoir leur guidance, leur sagesse ou leur bénédiction.

L'invocation est souvent pratiquée dans des contextes religieux ou spirituels, où le but est d'élever son esprit, d'atteindre un état de conscience supérieure, ou de s'unir temporairement à des forces divines pour recevoir inspiration, guérison, ou transformation intérieure. Par exemple, dans les traditions mystiques comme la théurgie (celle que je pratique), le magicien cherche à invoquer des anges, les saints ou les saintes ou des archétypes divins pour purifier son âme ou obtenir un soutien divin dans son cheminement spirituel.

Le danger de l'invocation réside dans l'ouverture de soi à des forces inconnues. Une mauvaise invocation, ou l'ouverture à des énergies déséquilibrées peut entraîner des troubles psychiques et des changements de fréquences vibratoires difficilement contrôlables. Le praticien pourrait également perdre son ancrage terrestre ou être submergé par les énergies qu'il a appelées. L'invocation nécessite :

- une préparation spirituelle intense ;
- un état de conscience élevée ;
- un équilibre mental et psychologique parfait ;
- une intention pure animée par la voix du cœur pour éviter tout déséquilibre ou influence indésirable.

Les dangers communs aux deux pratiques

Que ce soit dans la magie évocatrice ou invocatrice, le danger réside principalement dans le manque de préparation et de compréhension des forces manipulées. Ces pratiques nécessitent une maîtrise rigoureuse des rituels, une forte discipline mentale, et une protection spirituelle adéquate.

Sans cela, la personne pratiquant la magie peut être exposée à des risques, tels que des possessions, des obsessions, ou des perturbations énergétiques qui peuvent affecter sa santé mentale et l'aspect physique.

L'arrogance, la précipitation ou l'ignorance des lois occultes peuvent rapidement transformer une expérience magique en catastrophe. Il est essentiel pour tout praticien de connaître non seulement les techniques rituelles, mais aussi les limites de ses propres capacités spirituelles avant de se lancer dans de telles pratiques.

En résumé, la magie évocatrice traite de l'appel d'entités externes sous forme de commandement, tandis que la magie invocatrice vise à attirer des énergies en soi pour établir une connexion plus spirituelle et lumineuse. Les deux voies offrent des possibilités, mais elles doivent être abordées avec sérieux et respect pour les forces en jeu, car les dangers sont réels pour celui qui s'aventure sans préparation ou sagesse.

Seule la capacité d'une personne à maintenir un équilibre intérieur profond, à maîtriser pleinement ses émotions et à intégrer son vécu constitue la plus sûre des garanties pour pratiquer en toute sécurité.

Vous l'aurez compris, ce livre s'appuie sur la magie invocatrice.

CHAPITRE 5

Activation et fabrication des talismans

L'ART SUBTIL DE L'ACTIVATION DES TALISMANS

L'activation d'un talisman est un processus sacré, un acte de foi. Cela doit être un moment agréable durant lequel vous devez vous placer dans un état de calme et de sérénité. Cet état doit être en parfaite symbiose avec ce que vous souhaitez manifester à travers le talisman. Toute la magie repose en grande partie sur l'intention. Comme nous l'avons précédemment vu, plus cette intention est claire et pure, plus l'objet sera efficace.

Certains actes magiques sont extrêmement codifiés, nécessitant de suivre des rituels pratiqués certains jours, à certaines heures précises ou suivant certaines phases de la Lune. Ces pratiques, telles que la magie théurgique par exemple, souvent héritées de traditions anciennes, peuvent exiger des préparations élaborées. Cependant, il n'est pas toujours nécessaire de suivre un protocole complexe, pour ma part, je crois fermement que la simplicité est souvent la meilleure alliée pour les talismans.

Les grilles énergétiques ont changé ces dernières années, facilitant la communication avec le monde de l'invisible. Jadis, les magies hermétiques protégeaient des savoirs, il fallait être initié pour les comprendre. Dieu merci, nous ne risquons plus de brûler sur le bûcher aujourd'hui en fabriquant des talismans ou des pentacles. Nous pouvons donc alléger certains protocoles.

Les grilles énergétiques sont comme une bande magnétique sur laquelle sont collectées les informations holistiques de notre humanité, elles évoluent en fonction de la progression de la conscience collective de notre civilisation. Pour vous donner un exemple, du temps de la Préhistoire, la cartographie de la planète Terre était différente de celle que l'on connaît aujourd'hui. Les continents, les villes ont changé, il y a eu des migrations. Pour la conscience, les âmes et l'énergie, il en est de même.

Différence entre la magie blanche et la magie théurgique

La magie blanche et la magie théurgique ont beaucoup de similitudes, toutefois la **théurgie**, plus élitiste, vise à établir une union directe avec Dieu, souvent à travers des rituels sacrés et des invocations d'entités angéliques ou divines. Elle s'inscrit dans une quête mystique et philosophique, centrée sur la régularité et l'initiation. La **magie blanche**, quant à elle, utilise des énergies naturelles plus proches de la nature, fait appel à différentes divinités ou cultes pour accomplir des actions bénéfiques comme la guérison ou la protection, en respectant un cadre éthique. Elle est plus pragmatique et ancrée, sans chercher une connexion directe avec le Très Haut.

Les archanges, ou guides, interviendront quand même, du moment que vous les conviez avec le cœur. Ce n'est pas parce que vous pratiquez votre cérémonial lors d'une lune croissante, le 12 avril à 12h12 que votre talisman sera plus efficace.

Comme je vous le disais, tous ces rituels codifiés à travers des mots de pouvoir, une gestuelle précise, du matériel et des heures ou des jours spécifiques sont, à mon humble avis, obsolètes.

Georges était d'accord avec ça lors de la rédaction de cet ouvrage. Ce qui prime aujourd'hui, c'est la puissance de l'amour et du désir profond. Lorsque vous vous adressez au Divin, vous êtes **immédiatement** entendu et il fait fi de l'heure ou de la manière, ce qui compte c'est l'intention du cœur. C'est ainsi que je conçois la spiritualité et l'ésotérisme.

La clé : une intention noble et des forces supérieures bienveillantes

Lorsque vous créez un talisman, il est essentiel d'avoir une intention noble. Vous devez faire appel à des forces supérieures bienveillantes, et pour cela, l'activation du talisman peut être faite à travers une prière. En respectant ces principes de base, vous n'avez pas à craindre d'attirer des énergies négatives ou du bas astral. Si vous agissez toujours avec une intention pure, vous êtes protégé par les lois universelles. Rappelez-vous que toute action entraîne une réaction équivalente. C'est pourquoi vous devez toujours être aligné avec vos intentions, vos pensées, et vos actions.

Prière de protection et pour se connecter à des énergies subtiles bienveillantes :

Je demande à la Source Divine
De me baigner dans sa lumière originelle et de me protéger dans ma dimension terrestre, ainsi que tous mes Corps subtils sur tous les différents plans dans lesquels j'existe.
Je demande à la Source Divine de m'entourer d'anges et de guides dans l'amour inconditionnel afin de guider ma route sur terre et que mon âme soit sur le bon chemin.
Je demande à la Source Divine que sa lumière dissipe les zones d'ombre dans ma
Vie, ainsi que les chagrins et souffrances inutiles.
Je demande à la Source Divine que tout ce qui n'est pas dans la lumière ne puisse interagir avec mes énergies, mon aura et mon plan d'incarnation,

Que sa lumière éclaire ma destinée afin que mon existence soit plus paisible.
Je remercie la Source Divine ainsi que toutes les personnes vivantes et désincarnées qui me protègent au quotidien à tout instant depuis mon premier souffle.
J'accepte d'écouter mon intuition et je voue mon existence à vivre en conscience.
Qu'il soit ainsi.

LES MATÉRIAUX ET LA CONSERVATION DES TALISMANS

Traditionnellement, il est conseillé d'utiliser du parchemin végétal pour créer un talisman. Ce matériau, naturel et chargé d'énergie, celle de la Terre, est idéal pour porter vos intentions. Cependant, il est tout aussi possible de créer un talisman puissant en l'imprimant sur une feuille blanche si votre intention est pure et votre volonté suffisamment forte.

Jadis, la matière première du parchemin était faite de peaux d'animaux. Pour des raisons évidentes, notre époque favorise le parchemin végétal issu du papyrus ou du bois. Vous pouvez en trouver sur différents sites spécialisés.

Vous pouvez donc fabriquer votre talisman de deux manières :

En utilisant le QR code page 81 pour imprimer votre talisman. Dans ce cas-là, je vous invite à repasser au feutre ou au stylo par-dessus les écritures et symboles afin d'y imprimer votre énergie et de vous relier au talisman.

Mais vous pouvez tout à fait prendre le temps de le reproduire en le dessinant à l'aide d'un papier calque, sur parchemin végétal ou sur feuille blanche.

Si vous souhaitez conserver votre talisman plus longtemps, vous pouvez le plastifier après l'avoir chargé. Cela permettra de le protéger des altérations physiques tout en conservant son énergie. Je n'ai pas toujours de parchemin végétal à disposition et mes talismans ont toujours fonctionné même sur feuille blanche standard.

Vous pouvez fabriquer plusieurs pentacles en fonction de vos besoins, et en porter jusqu'à trois différents.

Les étapes pour purifier et consacrer un talisman

Avant de charger un talisman, il est essentiel de le purifier. Cette purification permet de le débarrasser de toute influence extérieure et de le préparer à recevoir vos propres énergies. Voici comment procéder :

1. Allumez une bougie blanche.
2. Prenez le morceau de parchemin et passez-le lentement dans la fumée d'un encens purificateur (tels que le benjoin ou l'encens pontifical) tout en prononçant ces mots : « *Ce talisman est élaboré dans le but de m'accompagner moi* ***[vos nom, prénom et date de naissance]*** *dans mon incarnation. Sa force est lumineuse et soumise à l'influence positive des êtres provenant de la Source dans l'amour inconditionnel uniquement.* »
3. Si possible, effectuez ce rituel en étant tourné vers l'**Est**, là où le soleil se lève, symbolisant la lumière originelle qui charge, élève et purifie toute chose.
4. Si vous le pouvez, réalisez ce rituel lors d'une **pleine Lune**, car celle-ci est la pleine lumière et dissout l'ombre.

Charger le talisman : un acte de foi et de volonté

Une fois le talisman purifié, il est temps de le consacrer avec votre intention :

1. Tenez le talisman dans le creux de votre main gauche, qui est celle du cœur.
2. Fixez-le avec attention et récitez trois fois la phrase suivante : *« Je souhaite et je désire* ***[insérez ici votre intention]*** *et obtenir par ce talisman la réalisation de mes envies. »*
3. Soyez convaincu de ce que vous faites. Votre pensée doit devenir une force bénéfique qui se manifeste à travers l'objet. La foi en votre propre pouvoir de création est essentielle pour que le talisman fonctionne comme vous le souhaitez.
4. Remerciez les défunts qui veillent sur vous, votre ange gardien et votre équipe de guides qui vous accompagnent à tout instant.
5. Utilisez un feutre ou un crayon de couleur pour retracer le cercle situé à l'intérieur du talisman. La couleur spécifique à chaque talisman astrologique est indiquée au début de sa description. Prenez également le temps de repasser délicatement sur chaque symbole avec un feutre fin, afin de vous imprégner pleinement de leur énergie et de leur signification.

Le talisman : un objet personnel et sacré

Une fois activé, votre talisman devient un objet sacré, une extension de vous, de votre volonté, tiré de votre énergie. Il doit rester personnel et ne doit jamais être touché par quelqu'un d'autre. Si cela se produit, l'énergie du talisman peut en être perturbée, et son efficacité pourrait être compromise.

Vous pouvez le porter dans la poche tous les jours, sous votre matelas ou dans votre porte-monnaie selon votre préférence.

Si vous perdez votre talisman rapidement, cela peut être un signe que vous devez retravailler votre formulation, affiner votre demande ou que vous n'avez plus besoin de son énergie. Prenez un moment pour réfléchir et ajuster votre propos avant de créer un nouveau talisman.

Enfin, si vous souhaitez vous débarrasser d'un talisman abîmé ou qui ne vous sert plus, ne le jetez jamais. La meilleure méthode pour le désactiver est de le brûler. Le feu, en tant qu'élément purificateur, permet de libérer les énergies du talisman et de les rendre à l'univers, sans créer de perturbations.

L'activation des talismans est un acte puissant, mais il repose sur la simplicité et la pureté de vos intentions. Plus vous êtes aligné avec ce que vous demandez, plus le talisman fonctionnera en harmonie avec ce que vous avez manifesté avec le cœur. N'oubliez pas que pour manifester au travers de votre talisman, vous devez avoir des intentions détaillées et claires.

Par exemple, pour vous aider à trouver un travail, si vous dites simplement : « Je souhaite trouver du travail », vous serez probablement entendu, mais tout et n'importe quoi pourrait se présenter à vous.

Essayez plutôt : « Je souhaite trouver un travail dans lequel je me sente bien avec mes collègues, qui puisse m'aider à développer mes compétences et ma créativité, qui soit à côté de chez moi, qui me permette de bien gagner ma vie », etc.

Évitez de formuler : « Je souhaite rencontrer un homme ou une femme », car vous pourriez bien être exaucé rapidement, mais vous pourriez vous retrouver avec quelqu'un qui ne vous corresponde absolument pas.

Essayez plutôt : « Je souhaite rencontrer un homme ou une femme qui partage mes valeurs, qui est ambitieux·se, généreux·se, qui n'a pas peur d'être aimé·e et d'aimer », etc.

N'ayez pas peur de rentrer dans les détails et décrivez tout ce que vous désirez intimement.

Retrouvez tous les talismans astrologiques ici :

CHAPITRE 6

Les talismans astrologiques

L'HISTOIRE DE L'ASTROLOGIE

Je ne suis pas astrologue, et vous n'avez pas besoin de l'être non plus pour faire bon usage des talismans qui vous sont proposés dans ce livre, car ceux-ci s'appuient sur l'énergie archétypale des signes astrologiques. Toutefois, rappelons un peu les origines de l'astrologie.

Les premières traces de celles-ci remontent à l'Antiquité, il y a plus de quatre mille ans, du côté de la Mésopotamie, où les Babyloniens observaient les mouvements des étoiles et des planètes dans le but de prédire les cycles agricoles ou les événements politiques.

Ces observations furent ensuite reprises, puis développées par les Égyptiens, les Grecs et les Romains. En Grèce, au IVe siècle av. J.-C., l'astrologie se normalise avec des philosophes comme Ptolémée, auteur du *Tetrabiblos*, un ouvrage fondamental qui pose les bases de l'astrologie occidentale. Parallèlement, des versions astrologiques alternatives se sont développées comme en Chine ou en Inde avec des approches variées.

Cette discipline a continué d'être transmise à travers les siècles.

Historiquement, on sait aujourd'hui que bon nombre de souverains ne prenaient de grandes décisions pour gouverner qu'une fois après avoir consulté leurs astrologues. Les grandes sphères de pouvoir contemporaines également. Chez nous, en France, François Mitterrand ne s'est jamais caché de son appétence pour l'ésotérisme et l'astrologie.

Il existe aujourd'hui différents types d'astrologie dans le monde :

- **L'astrologie occidentale, appelée aussi astrologie tropicale**, utilise les douze signes astrologiques et les aspects entre les planètes. Cette approche très psychologique vise à explorer la personnalité d'un individu et ses cycles de vie. Elle utilise donc le zodiaque tropical, qui débute chaque année avec le **point vernal** (l'équinoxe de printemps, lorsque le Soleil entre dans le Bélier). Ce système divise l'année en douze segments égaux correspondant aux douze signes astrologiques, indépendamment de la position des constellations dans le ciel.

- **Le *Jyotish*, ou astrologie védique, pratiquée en Inde**, utilise le zodiaque sidéral et met l'accent sur le karma, le chemin spirituel de l'âme et les influences passées et futures dans la vie. Elle est totalement différente de la première et positionne les signes astrologiques en fonction des constellations réelles dans le ciel. Ce système tient compte du décalage causé par la précession des équinoxes (vous pourriez être Poissons en astrologie occidentale, mais Bélier en astrologie sidérale, par exemple).
- **L'astrologie chinoise**, centrée sur un cycle de douze ans représenté par des animaux, repose sur des concepts de dualité (yin/yang) et d'éléments (eau, bois, feu, terre, métal).
- **L'astrologie horaire**, utilisée pour répondre à des questions spécifiques, s'appuie sur l'interprétation de la carte du ciel au moment où la question est posée.

Dans notre société actuelle, l'astrologie connaît un vrai regain, elle est utilisée comme un vrai outil de connaissance de soi. Je trouve que l'approche est concise, rationnelle, et permet un véritable travail de réflexion quant à ce que nous vivons, en mettant en lumière nos qualités, nos zones de faiblesse et en nous permettant de mieux appréhender certains défis.

Certains défis que, je vous le rappelle, nous avons décidé de vivre avant notre incarnation.

LES DOUZE TALISMANS ASTROLOGIQUES

Georges Muchery a canalisé les douze pentacles zodiacaux, que vous allez découvrir, dont il a commencé la retranscription entre 1931 et 1939. Cela lui a pris tout ce temps, car ceux-ci ont été «dessinés à des moments propices susceptibles de combattre les mauvaises influences et de fortifier les possibilités heureuses qu'apporte à la naissance, le passage du Soleil dans un des signes zodiacaux».

Dans son livre *Sortilèges et talismans*, Georges explique que lors de leur confection, l'énergie des pentacles était chargée par le flux éthéré cosmique, qui se produit très rarement dans le ciel.

Le flux éthéré cosmique est une énergie intangible universelle (une bande passante magnétique) qui circule dans l'univers, connectant toutes les choses et permettant l'échange d'énergie et d'informations entre les différentes dimensions. Il est souvent perçu comme un courant d'énergie spirituelle ou «essence cosmique» qui nourrit et équilibre les corps énergétiques des êtres vivants, tout en harmonisant l'univers entier. Ce flux est à la fois une source de vitalité et une force d'interconnexion, permettant aux pratiquants spirituels de se connecter aux dimensions plus profondes de la réalité et d'accéder à une compréhension plus vaste de l'existence.

En renouvelant l'enseignement de Georges, j'ai décidé d'apporter quelques ajouts et modifications qui viennent renforcer la vibration déjà très présente des pentacles.

Tout d'abord, nous les appellerons talismans et non pentacles.

Chacun de ces talismans est orné de phrases en latin, ainsi que du nom d'un ange issu des soixante-douze anges de la Kabbale qui apporte une vibration particulière et des bénédictions distinctes.

Les soixante-douze anges de la Kabbale sont issus de la tradition mystique juive, chaque ange représentant une facette particulière de Dieu.

La Kabbale, du mot hébreu *Qabbala* qui signifie « réception », est une école de pensée ésotérique qui explore les mystères de la création, la nature de Dieu et la place de l'humain dans l'univers. Elle est fondée sur une interprétation mystique des textes sacrés juifs, en particulier la Torah. Bien qu'elle ait des racines profondes dans le judaïsme antique, la Kabbale telle que nous la connaissons aujourd'hui s'est surtout développée à partir du XIIe siècle avec des textes clés comme le *Zohar*, attribué à Rabbi Shimon bar Yohaï.

Elle apporte une dimension unique à la spiritualité en proposant des systèmes comme l'Arbre de Vie, une cartographie de la conscience humaine et divine, ainsi que la méditation sur les soixante-douze noms de Dieu, qui sont associés aux anges. Cela offre une voie vers la transformation individuelle, la connexion aux énergies célestes, et une compréhension plus profonde des lois cosmiques qui régissent le cheminement de l'âme.

La spiritualité contemporaine repose d'ailleurs sur bon nombre de principes kabbalistiques.

Si j'ai choisi d'agrémenter les talismans de phrases en latin, c'est que cette langue est puissante, mais surtout devenue sacrée, car utilisée jadis dans le contexte religieux. Le latin était une forme d'expression commune de la foi pour les chrétiens.

Dans mon quotidien d'énergéticienne, et notamment dans le cadre de protection et de libération énergétique à faire en cas d'entités démoniaques, j'utilise beaucoup de prières en latin, cela renforce mon lien avec le divin et établit un pont puissant entre le céleste et le monde terrestre. Je ressens vraiment quelque chose à travers ces prières, elles m'enveloppent et convoquent de hautes instances dans la lumière. Je récite également régulièrement le «Notre Père» et «Je vous salue Marie» pour me sentir protégée à tout instant.

Autour des talismans, j'ai donc inclus des affirmations et des intentions positives en latin pour leur donner une véritable impulsion, une touche supplémentaire dans la vibration qu'ils émanent.

LES TALISMANS ASTROLOGIQUES

Pour contextualiser l'importance des talismans astrologiques et leur manière de nous influencer, il faut se rappeler que le thème astral est une carte unique qui révèle la position des planètes au moment précis de notre naissance (date, mois, année et heure sont pris en compte). C'est une capture d'écran avec des coordonnées précises.

Nous ne sommes pas uniquement définis par notre signe solaire, chaque individu porte en lui l'énergie des douze signes du zodiaque dans son ciel natal. Ces signes sont répartis dans les différentes maisons astrologiques, et viennent influencer divers aspects de notre personnalité et définir nos modes de fonctionnement en fonction de l'aspect des planètes dans notre ciel.

Ainsi, notre caractère, nos talents, nos défis de vie, et notre destinée sont le fruit de cette combinaison complexe et cosmique.

Les talismans zodiacaux sont des protections qui activent ou renforcent certaines énergies de notre thème astral.

Ils peuvent être utilisés pour équilibrer ou stimuler des aspects qui nous manquent, sont en excès ou qui sont en sommeil en fonction de ce dont nous avons besoin dans le quotidien ou de ce que nous traversons dans notre vie.

Par exemple, une personne dont le mental est très fort, influencée par les signes d'air, pourrait avoir besoin d'un **pentacle du Taureau** pour renforcer son ancrage, ou encore du **pentacle du Cancer** pour éveiller une plus grande sensibilité émotionnelle.

La connexion à ces pentacles permet de venir se questionner sur notre être intérieur, sur ce que nous souhaitons « alchimiser » ou faire évoluer en nous.

Se fabriquer un talisman est une occasion de se responsabiliser dans ses choix de vie, dresser un bilan, délimiter son territoire, oser des choses nouvelles ou encore mettre plus de conscience là où parfois nous avons la sensation que notre vie nous échappe.

Les arts divinatoires ne doivent pas être la solution à tous les problèmes, mais doivent être perçus comme une petite lumière accompagnant son chemin sur un court temps donné.

J'en profite pour vous donner un grand conseil afin de discerner l'intuition (dont nous sommes tous dotés) du mental : le mental est souvent agité, rempli de doutes et de questionnements incessants. Il cherche à analyser, comparer, mouline sans arrêt et conduit invariablement à l'anxiété en anticipant des scénarios. Je vous rassure, nous avons tous et toutes tendance à verser dans le mental et devenir de petits Spielberg en herbe.

L'intuition, elle, se manifeste sous forme de calme et de clarté immédiate. Elle est rapide, sans débat ou conflit interne, et s'accompagne d'un vrai sentiment de certitude. C'est une évidence, un éclair de génie et elle arrive souvent de manière fugace lorsque nous sommes en lâcher-prise : en écoutant de la musique, en voiture, en cuisinant ou en marchant. Bien souvent, nous faisons de la méditation en mouvement sans nous en rendre compte, et c'est dans ces moments-là que notre mental se met enfin en pause. L'intuition ne nécessite pas d'explication longue ou rationnelle. Elle sait quoi choisir et rapidement, c'est la voie du cœur. C'est une vraie fulgurance.

Exercice

> Pour faire la **différence entre l'intuition et le mental**, ramenez en vous le silence intérieur.
>
> Prenez quelques instants pour méditer ou respirer profondément.
>
> Calmez votre rythme cardiaque.
>
> Ensuite, **posez une question intérieurement** et écoutez la première réponse qui vient, sans la filtrer ni la juger. L'intuition se présente souvent comme une **impression claire** et concise, tandis que le mental commencera à analyser sous toutes ses coutures la situation très rapidement.

Testez cette astuce régulièrement, avec des petites décisions du quotidien à prendre pour affiner votre capacité de discernement. C'est une petite gymnastique à laquelle on s'habitue très vite.

Pour finir, lorsque vous procéderez à la fabrication de vos talismans dans un but précis, rappelez-vous de ne rien précipiter dans la vie, car il y a toujours un plan divin et juste.

Faites preuve de patience, car mieux vaut prendre le temps de se réaliser et s'inscrire dans la durée plutôt que de se précipiter, briller comme une comète et rapidement échouer.

La vie m'a appris une leçon importante que je souhaite partager avec vous : Dieu ne nous laisse jamais de répit quand nous ne sommes pas sur le bon chemin.

Je vous laisse découvrir enfin ces fabuleux talismans astrologiques.

Vehuiah

Memento audere semper

Le talisman du Bélier

Réussite, force, donner de la force et de l'élan dans les projets, vitalité et protection.

Memento audere semper
« Souviens-toi de toujours oser. »

Cette phrase incarne l'essence même du Bélier, un signe de courage, d'audace, et de volonté.

Ange : Vehuiah, « Dieu élevé et exalté au-dessus de toutes choses », favorise la force de volonté, l'initiative et l'élan vers le renouveau. Il aide à surmonter les obstacles avec détermination.

Couleur du cercle central : rouge.

Le **talisman du Bélier** est l'incarnation de la puissance de la planète Mars, un talisman imprégné des qualités intrépides et passionnées de ce signe de feu. Il est conçu pour venir puiser dans les ressources illimitées du Bélier, ce signe qui ne recule devant aucun obstacle et qui sait mieux que quiconque comment avancer avec détermination. Un vrai conquérant ! Il est tout feu tout flamme.

Porter ce talisman, c'est s'armer d'une force vibrante, presque palpable, qui donne de la ferveur à nos actions, et vient amorcer l'initiative qui nous fait parfois défaut en stimulant notre courage.

Il va aider à affronter les défis qui se présentent sur notre route avec une énergie vaillante. Si vous cherchez à lancer un projet ou à surmonter une période d'hésitation, ce talisman devient un allié de choix, vous propulsant hors de l'inertie et des sentiers battus, là où tout semble possible. Il ne se contente pas d'accompagner; il amplifie, galvanise, et transforme chaque pas en une avancée décisive vers la réussite.

Plus qu'un simple catalyseur de courage et d'élan, le **talisman du Bélier** renforce aussi la capacité à se défendre face aux agressions extérieures. Il déploie un bouclier invisible, protégeant ainsi des influences négatives, attaques malveillantes d'autrui, ou simplement des énergies qui pourraient venir perturber notre chemin.

Ce talisman inspire également le respect. Il confère une certaine autorité naturelle à son porteur, l'aidant à affirmer sa place et ses convictions sans violence ni combat, mais avec une force tranquille et incontestable.

Dans la sphère professionnelle, ce talisman s'illustre par sa capacité à attirer les gains liés au travail. Il facilite l'atteinte des objectifs et désirs que l'on se fixe en nous ancrant dans l'action, tout en protégeant son porteur des imprudences qui pourraient surgir de l'enthousiasme mal canalisé. L'énergie de ce talisman permet ainsi d'avancer, non pas en guerrier désordonné, mais avec la justesse du stratège, prenant des décisions fermes, mais surtout éclairées et avisées.

En période de doute ou de découragement, le **talisman du Bélier** agit comme un retour de flamme et convoque cette force que nous possédons tous et qui nous rend capables de déplacer des montagnes. Il ravive l'esprit de conquête et rappelle à son porteur que l'échec n'est qu'un passage, une phase transitoire avant la prochaine marche vers le succès. Il pousse à se relever, à persévérer, à affirmer pleinement son identité et à croire en ses forces et ressources.

Cahetel

Fortes fortuna juvat

Le talisman du Taureau

Abondance, réalisation, harmonie,
patience, stabilise les émotions.

Fortes fortuna juvat
« La chance favorise les courageux. »

Cette phrase reflète la persévérance et la solidité du Taureau, un signe qui attire l'abondance par l'effort constant.

Ange : Cahetel, « Dieu Adorable », apporte la bénédiction du succès matériel et spirituel. Il protège les récoltes et favorise les projets de longue haleine.

Couleur du cercle central : bleu foncé.

Ancré dans l'énergie terrestre et fertile du Taureau, le **talisman du Taureau** est une véritable invitation à la stabilité et à la prospérité, à l'image de l'agriculteur qui met en terre ses graines pour récolter quelques mois plus tard les fruits de son dur labeur.

Relié à ce signe qui maîtrise l'art de la patience et de la constance, ce talisman porte en lui la promesse d'une abondance qui sait s'installer dans le temps et d'une harmonie profonde dans tous les domaines de la vie.

Ce talisman est précieux pour ceux qui cherchent à matérialiser leurs projets, voir leurs idées concrétisées, prendre forme et prospérer.

Il accorde à son porteur la solidité nécessaire pour persévérer, sans précipitation, vers la réalisation de ses objectifs. Il transforme les concepts éphémères en réalités palpables, faisant du rêve une ambition concrète et du travail une réussite tangible. Il n'y a rien de volatile ou de capricieux dans l'énergie de ce talisman ; il représente la continuité et l'engagement, offrant à ceux qui le portent une structure sur laquelle bâtir des fondations solides. Il est le printemps constant.

Le **talisman du Taureau** favorise également l'harmonie et l'équilibre dans tous les domaines de vie. Il est le talisman de ceux qui souhaitent vivre en paix avec eux-mêmes et les autres, en évitant les tumultes et conflits inutiles. Il agit comme un stabilisateur des émotions, protégeant contre les excès d'entêtement, la fureur contenue ou les tendances à vouloir contrôler à tout prix. Ainsi, il guide son porteur vers une existence plus fluide, où chaque décision est prise en conscience et où chaque action est mesurée et pondérée.

Ce talisman n'est pas seulement un protecteur ; il est aussi un amplificateur d'occasions et de rencontres. Il attire l'abondance sous toutes ses formes, qu'elle soit matérielle, spirituelle ou émotionnelle. En ce sens, il favorise la réalisation des ambitions professionnelles et artistiques, en amenant une cohérence dans le processus créatif.

Les idées deviennent plus limpides, les concepts mieux structurés, et le résultat final, loin d'être une simple satisfaction esthétique superficielle, se révèle souvent financièrement bénéfique. Le **talisman du Taureau** ne laisse rien au hasard, car il sait que chaque graine semée avec soin et persévérance finira par porter ses fruits.

Enfin, ce talisman agit comme un rappel constant de l'importance de l'équilibre, en veillant à ce que son porteur ne se laisse pas emporter par l'obstination ou les excès.

Il encourage la modération tout en protégeant des décisions impulsives. Ce n'est pas un frein, mais un guide bienveillant qui oriente vers une ascension personnelle et matérielle saine. Avec le **talisman du Taureau**, le porteur apprend à apprécier la lente maturation des choses et à apprécier son résultat lorsque le moment est venu, selon le plan divin !

Si vous n'êtes pas de nature patiente, ce talisman est fait pour vous.

Yesalel

Alta alatis patent

Le talisman du Gémeaux

Études, communication,
adaptabilité, intuition.

Alta alatis patent

« Le ciel est ouvert à ceux qui ont des ailes. »

Cette maxime représente la curiosité et l'ouverture d'esprit des Gémeaux, leur capacité à s'élever grâce à l'intelligence et l'adaptabilité.

Ange : Yesalel, « Dieu glorifié sur toute chose », aide à renforcer la communication et les relations humaines. Il apporte également un soutien précieux pour les études et l'apprentissage.

Couleur du cercle central : vert clair.

Le **talisman du Gémeaux** est une ode à l'intelligence, à l'agilité gracile et il fluidifie la communication, incarnant parfaitement l'esprit aérien et souvent volubile de ce signe d'air.

Idéal pour ceux qui cherchent à développer leur esprit, et leur créativité sous toutes ses coutures, ce talisman déploie ses énergies pour aider à la réussite dans les études, à faciliter les échanges sociaux et à apporter une véritable clarté mentale.

Avec ce talisman, le savoir ne se contente pas d'être acquis ; il se transforme en compréhension profonde, en réflexion créative et en capacité à se mouvoir dans les méandres de notre esprit avec une aisance remarquable et une structure.

Porter ce talisman apporte un coup de pouce dans les périodes d'efforts intellectuels.

Le **talisman du Gémeaux** va non seulement aider à améliorer la concentration, mais aussi stimuler l'intuition, cette petite voix intérieure qui semble connaître la réponse avant même que la question ne se pose.

Les étudiants, écrivains et toutes les personnes évoluant dans des domaines nécessitant une agilité mentale telle que la communication ou la sphère médiatique trouveront en lui un précieux allié.

Mais l'intellect n'est pas tout : le **talisman du Gémeaux** amplifie aussi la sympathie et la bienveillance des autres, créant autour de son porteur une aura magnétique et charismatique qui désarme les inimitiés et tient à distance les jalousies professionnelles. Le porteur devient ainsi caméléon dans la société.

Qui pourrait résister à une personne entourée de cette aura de positivité, capable de naviguer avec tact et diplomatie à travers les relations, même les plus complexes ?

Ce talisman encourage des échanges sincères et harmonieux, renforçant les liens professionnels comme personnels, en installant une ambiance d'entente cordiale.

Dans un monde où le changement fait loi et nous déroute parfois, le **talisman du Gémeaux** devient un véritable atout dans l'adaptabilité. Il aide ceux qui ont du mal à s'ajuster à l'inconstance des choses ou qui, au contraire, sont en agitation permanente et peinent à trouver une structure dans leur vie. Il sera parfait pour les profils HPI.

Ce talisman guide subtilement son porteur vers un équilibre entre l'action et la réflexion, l'ancrant dans une stabilité qui, bien que flexible, reste solide face aux vicissitudes de la vie. Il permet de sortir des situations complexes avec habileté.

Qui n'a jamais rêvé de trouver la bonne répartie ou le ton juste lors d'une situation conflictuelle ?

C'est aussi un protecteur contre les troubles nerveux, ces petites tensions qui s'accumulent à force de vouloir tout gérer à la fois. Le **talisman du Gémeaux** apaise les esprits agités, calmant les pensées qui tourbillonnent, et offrant une limpidité pour faire face aux aléas de la vie quotidienne. Il stabilise, rassure, et aide à trouver une direction claire, qu'il s'agisse de la carrière, des relations sentimentales ou de tout autre aspect de l'existence.

En somme, ce talisman est un ami pour les esprits libres en quête de savoir, d'équilibre et de communication. Grâce à lui, le porteur peut enfin maîtriser cette danse endiablée entre l'intellect et l'émotion, la réflexion et l'action, l'ancrage et la légèreté.

Melahel

Et lux in tenebris lucet

Le talisman du Cancer

Protection contre les envoûtements,
harmonie dans tous les domaines, chance.

Et lux in tenebris lucet

« La lumière luit dans les ténèbres. »

Cette phrase souligne la capacité du Cancer à apporter lumière et sécurité, même dans les moments sombres, avec une grande intuition et une grande sensibilité.

Ange : Melahel, « Dieu qui délivre des maux », est un protecteur puissant contre les forces négatives et les dangers. Il apporte l'harmonie dans le foyer et favorise la santé.

Couleur du cercle central : argent.

Le **talisman du Cancer** se comporte comme une douce couverture enveloppante, conférant à ceux qui l'adoptent une sécurité émotionnelle profonde et un sentiment de bien-être dans nos eaux intérieures[1].

1. Ndla : nos émotions.

En tant que talisman, il active subtilement la roue du destin, alignant les circonstances et les énergies pour permettre la réalisation des souhaits sans obstacle majeur.

Le porteur de ce talisman peut ressentir une réorganisation progressive de sa vie, où les difficultés semblent disparaître peu à peu pour laisser place à un chemin plus agréable.

Ce symbole joue un rôle dans la symbiose des forces invisibles qui œuvrent pour améliorer l'existence. Il fait en sorte que le destin ne s'oppose pas au désir.

Au-delà de sa capacité à fluidifier les énergies, le Talisman du Cancer se dresse également comme un fort bouclier spirituel contre les attaques invisibles et les influences néfastes. Il agit en tant que rempart contre les envoûtements et les attaques extérieures qui cherchent à venir troubler la sérénité intérieure ou à interférer avec le chemin de vie. Ce talisman protège efficacement l'aura du porteur, repoussant les énergies de bas astral et préservant un espace de paix. Il crée une barrière subtile, et vient renforcer la protection éthérique des corps subtils. Il garantit la tranquillité dans les moments de vulnérabilité émotionnelle.

C'est lors de périodes de fragilité que les énergies de basses fréquences se glissent dans les interstices de notre aura.

Ce talisman excelle aussi dans l'art de maintenir l'harmonie, l'amour et l'équilibre dans tous les aspects de la vie.

Que ce soit dans la sphère familiale, amicale ou même professionnelle, le **talisman du Cancer** est à l'image d'un régulateur bienveillant, apaisant les tensions et favorisant le retour des énergies lumineuses. Grâce à cette action, les relations intimes et les interactions sociales sont embellies, permettant une meilleure connexion entre les individus. Glisser un talisman sous le paillasson ou le dissimuler derrière un cadre près de l'entrée d'une maison aide à créer un sanctuaire de sérénité et protège la demeure ainsi que ceux qui y vivent. Nous apprécions tous que notre chez-nous soit un havre de paix et un nid douillet.

Ce symbole mystique aide également à éveiller et à développer l'empathie, une qualité capitale pour tendre vers l'amour inconditionnel. Le porteur du **talisman du Cancer** attire à lui des personnes partageant des valeurs sincères, empreintes de loyauté et de compassion. En équilibrant les émotions et en favorisant la compréhension d'autrui, ce talisman aide à construire des liens qui résistent aux épreuves du temps, tout en neutralisant les influences toxiques qui pourraient bousculer cet équilibre.

Par ailleurs, ce talisman ne se limite pas à offrir une protection émotionnelle, il soutient également dans la prise de décisions éclairées. En venant « alchimiser » les pensées et en éloignant les distractions, il aide à garder une vision claire des objectifs à atteindre. Le **talisman du Cancer** crée un environnement stable et serein, propice à la réflexion.

Il se révèle aussi être un symbole d'abondance et de chance. Il aide à ouvrir des portes, qu'il s'agisse d'opportunités inattendues ou de rencontres favorables pour son porteur.

En résumé, le **talisman du Cancer** est un bouclier de protection bienveillant, à l'image d'un architecte du bonheur, harmonisant chaque aspect de l'existence pour offrir sécurité et épanouissement dans la vie de celui ou celle qui le porte. Il sécurise également les logements.

Omaël

Sol lucet omnibus

Le talisman du Lion

Réalisation productive, force, confiance en soi, rayonnement social.

Sol lucet omnibus
« Le soleil luit pour tout le monde. »

Cette phrase met en avant la générosité et l'éclat du Lion, qui brille pour tous sans discrimination.

Ange : Omaël, « Dieu patient », aide à renforcer la confiance en soi et le leadership. Il soutient dans les prises de décision et les responsabilités publiques.

Couleur du cercle central : or.

Le **talisman du Lion** est puissant, à l'image du signe qu'il représente, incarnant la réalisation individuelle, la force de caractère, et la confiance en soi. Il est le feu intérieur.

Il symbolise l'aspiration à briller, à révéler son plein potentiel, et à revendiquer son droit à la réussite. Porter ce talisman revient à embrasser pleinement la puissance qui sommeille en soi, à se positionner sous les feux des projecteurs et à accepter d'être vu et reconnu par ses pairs.

Ce symbole pousse à l'audace, à prendre en main son propre destin avec détermination, et à exprimer son pouvoir intérieur sans crainte ni hésitation. Il incarne un appel à la grandeur et à l'épanouissement, inspirant ceux qui le portent à explorer et exploiter leurs talents innés. Ne restez pas cachés, révélez-vous au monde ! Rugissez !

Le **talisman du Lion** stimule une énergie d'action et d'ambition. Il réveille une souveraineté intérieure qui incite à agir avec conviction, à avancer avec assurance dans les projets entrepris. Ce talisman renforce la capacité à s'imposer, mais toujours avec élégance et charisme en mettant en avant les qualités premières et les talents du porteur. Le lion est chaleureux, positif, et sa joie est contagieuse.

Dans le domaine professionnel, il joue un rôle déterminant pour obtenir des succès notables, tout en permettant d'exprimer pleinement ses capacités et de laisser une empreinte durable. Plus qu'un simple éclat de réussite éphémère, le **talisman du Lion** offre un soutien dans la conquête des désirs, mais avec noblesse et intégrité.

Pour ceux qui éprouvent des difficultés à s'imposer ou à s'exprimer en public, ce talisman est salvateur.

Il aide à surmonter les peurs liées à la prise de parole en public. Il aide le porteur à occuper l'espace qui lui revient. Grâce à lui, ceux qui peinent à faire entendre leur voix ou à affirmer leur présence peuvent travailler à s'en libérer. Le **talisman du Lion** confère une affirmation et une prestance, peu importe le contexte. Que ce soit dans les interactions sociales, les réunions de travail, ou les moments importants de la vie, ce talisman ouvre la voie à des relations empreintes de respect et de reconnaissance.

Au-delà de l'affirmation de soi, ce talisman joue également un rôle protecteur en renforçant la capacité à se défendre contre les attaques provenant de l'extérieur et les critiques.

Le **talisman du Lion** aide à repousser les énergies négatives et à maintenir son intégrité, même face aux jugements ou aux critiques des autres.

Il nous aide à nous rappeler que la valeur personnelle ne dépend pas des perceptions de nos semblables, mais de la propre estime que l'on a de soi. Avec ce talisman, le porteur apprend à rester centré, à défendre sa position avec tempérance et force, tout en restant fidèle à ses principes et à sa véritable essence.

Le **talisman du Lion** est également un talisman de rayonnement et de leadership, il encourage les démarches audacieuses.

En résumé, le **talisman du Lion** est un acolyte costaud pour ceux qui cherchent à réaliser leur rêve en s'appuyant sur leur plein potentiel. Il va aider son porteur à surmonter les doutes et à s'imposer dans son domaine avec grandeur et confiance tel le roi de la Savane. Il incarne la force, la réussite, l'incandescence et la noblesse d'esprit.

En somme, le **talisman du Lion** est un fidèle allié pour aller conquérir le monde. Il nous rappelle que nous sommes les souverains de notre propre existence et qu'il est temps d'assumer ce rôle avec grandeur et confiance pour laisser une empreinte indélébile.

Si nous ne le faisons pas, d'autres, eux, le feront. Soyez précurseurs.

Lehahiah

Sursum corda

Le talisman de la Vierge

Transformation, analyse,
harmonie dans le travail
et fluidité professionnelle.

Sursum corda

« Élevons notre cœur. »

Cette phrase reflète la capacité de la Vierge à transcender les détails matériels pour s'élever vers un idéal de perfection.

Ange : Lehahiah, « Dieu Clément », favorise la stabilité dans le travail, la rigueur, et la transformation personnelle avec calme et discernement.

Couleur du cercle central : vert

Le **talisman de la Vierge** se distingue par son rôle de guide discret, accompagnant son porteur dans sa quête d'amélioration et d'évolution, tant sur le plan matériel que moral.

Bien plus qu'un simple talisman, il soutient ceux qui souhaitent entamer un travail profond sur eux-mêmes. Il favorise la purification des intentions et l'affinement des objectifs fixés, permettant ainsi d'être aligné avec ses désirs les plus sincères. Grâce à son énergie, il soutient le processus de transmutation, aidant à aligner les pensées, les émotions et les actes de manière cohérente. Il est un virage lorsqu'on veut changer de cycle et clore des schémas répétitifs.

Ce talisman excelle dans l'art de rendre les épreuves plus douces et les efforts moins accablants. Les obstacles de la vie ne disparaissent pas, mais ils se transforment en enseignements concrets et sont perçus comme un chemin initiatique.

Avec le **talisman de la Vierge**, chaque difficulté devient un tremplin pour se rapprocher d'une certaine sagesse.

Il éloigne les tensions inutiles, fluidifie les démarches dans tous les domaines. Les soucis mineurs, tels que les petites remarques acerbes ou médisances, perdent leur emprise, glissant sur celui qui porte ce pentacle, comme si ces perturbations ne trouvaient plus d'accroche ou de réaction dans l'aura du porteur. La Vierge se concentre sur la vérité et non le paraître.

Sur le plan professionnel, le **talisman de la Vierge** brille particulièrement en tant que stabilisateur et apaise les relations de travail, notamment entre employés et employeurs. Il facilite les échanges, clarifie les malentendus avant qu'ils ne dégénèrent en conflits et attire autour de lui des personnes de confiance et loyales.

Il favorise des collaborations saines et équilibrées, mettant fin aux relations professionnelles toxiques ou aux partenariats qui manquent de sincérité. Avec ce talisman, les environnements de travail se délestent d'ambiance toxique, car il favorise une communication fluide et une collaboration fondée sur la compétence et la fiabilité.

En parallèle, le **talisman de la Vierge** encourage la minutie en développant une approche analytique et méthodique. Cela permet de prêter attention aux détails qui, auparavant, auraient pu échapper à la vigilance. Il aide à surmonter les périodes de flou, pour retrouver de la lucidité et du discernement.

Le **talisman de la Vierge** agit pleinement sur l'être, en offrant un soutien et une discipline. Il permet d'avancer avec acuité dans la quête du soi en structurant et en tenant à distance les aléas de la vie.

En résumé, le **talisman de la Vierge** est un véritable compagnon de transformation, aidant à bonifier les intentions, à affiner les projets et à se recentrer sur l'essentiel. Il accompagne sur le chemin de la perfection, non pas dans une quête impossible, mais dans une démarche douce d'amélioration, soutenant la personne dans sa recherche d'équilibre, de rigueur et de sérénité.

Ce talisman rappelle que la véritable perfection n'est pas dans l'absence d'erreurs, mais dans la capacité à les transcender pour devenir une meilleure version de ce que nous sommes déjà.

Hahael

Gladius Legis Custos

Le talisman de la Balance

Protection, diplomatie, équilibre, justice.

Gladius Legis Custos
« Le glaive gardien de la loi. »

La Balance symbolise la justice et l'équilibre, défendant la vérité avec fermeté, mais sans violence.

Ange : Hahael, « Flambeau divin », illumine le chemin vers la justice et aide à résoudre les conflits avec harmonie.

Couleur du cercle central : bleu clair.

Le **talisman de la Balance** agit comme une boussole lorsqu'il s'agit de naviguer à travers les conflits, les injustices et les tensions que l'on rencontre à travers les aléas de la vie.

Ce talisman incarne la justice et l'équilibre, des forces indispensables dans un monde souvent marqué par l'aspect chaotique des imprévus. Il protège des divorces et des escrocs.

Il est particulièrement utile dans les moments où les défis relationnels ou légaux apportent du désarroi.

Lorsque les disputes, les malentendus ou les procès s'installent, ce talisman se dresse comme une balance divine implacable, offrant protection et soutien face aux épreuves. Il est un défenseur invisible contre les attaques injustes, nous préservant des erreurs de jugement, des gens procéduriers et nous guidant vers des solutions équitables.

Dans les situations où les tensions sont à leur paroxysme et où les mots blessent comme des flèches, ce talisman encourage une approche plus pondérée et réfléchie. Il nous guide vers des solutions pacifiques, nous rappelant que chaque partie d'un conflit mérite d'être écoutée et doit assumer sa part de responsabilité.

Il diffuse une onde de sérénité qui tempère les esprits et apaise les cœurs, permettant aux individus de retrouver un terrain d'entente où chacun se sent libre de s'exprimer. Que ce soit dans le cadre d'un divorce houleux, d'une négociation difficile ou d'un différend familial, le **talisman de la Balance** est l'outil idéal pour rétablir l'équilibre et engager un dialogue constructif.

Sur le plan matériel, ce talisman ne se contente pas de protéger les relations humaines. Il joue également un rôle dans la sauvegarde des biens et des possessions. Il agit comme un gardien vigilant, protégeant contre les voleurs, les fraudes et autres menaces externes.

Dans une société où les escroqueries pullulent de toutes parts, le **talisman de la Balance** veille sur la sécurité des biens matériels. Il éloigne les intentions malveillantes et assure que la justice et la transparence prévaudront en cas de discorde liée aux possessions ou aux finances.

L'une des qualités les plus notables du **talisman de la Balance** réside dans sa capacité à soutenir la diplomatie et la coopération.

Il offre la sagesse nécessaire pour aborder les désaccords et ainsi éviter toute décision hâtive ou injuste. Le **talisman de la Balance** devient ainsi le protecteur de ceux qui cherchent à établir des relations justes, équitables et fondées sur la considération mutuelle.

Porter le **talisman de la Balance** signifie également s'engager à cultiver la paix, non seulement dans les relations extérieures, mais aussi en soi. Il n'est pas utile de partir en guerre contre tout.

Il incite à adopter une vision plus large des situations conflictuelles, en prenant du recul pour voir les choses de manière plus objective. Il y a une phrase assez juste dans la communication non violente qui dit: «J'ai raison, mais tu n'as pas tort.»

Tout est compromis dans les relations, qu'elles soient intimes, familiales ou professionnelles.

En somme, le **talisman de la Balance** aide à converger vers des relations équilibrées, à appliquer une vraie justice divine et à œuvrer pour la paix dans chaque sphère de notre existence. Ce talisman est un pilier de stabilité dans un monde en constant chamboulement.

Asaliah

Le talisman du Scorpion

Protection spirituelle et occulte, alchimie intérieure, clairvoyance et mysticisme.

Iesus Nazarenus Rex Iudæorum

« Jésus de Nazareth, roi des Juifs. »

Cette phrase incarne la profondeur spirituelle du Scorpion et sa capacité à renaître après des épreuves.

Ange : Asaliah, « Dieu juste qui indique la vérité », éclaire sur les mystères cachés et favorise la transformation spirituelle.

Couleur du cercle central : rouge.

Le **talisman du Scorpion** est une redoutable armure spirituelle, forgée dans les profondeurs du mysticisme et de l'invisible. Il est conçu pour offrir une protection féroce contre les forces occultes, les maléfices et les entités démoniaques. Il agit comme une forteresse impénétrable qui veille sur l'esprit et l'âme, créant une barrière éthérique contre les entités du bas astral, les malédictions, et les rituels de magie noire. En portant le **talisman du Scorpion**, le porteur s'entoure d'une aura de sécurité qui écarte les dangers invisibles et bloque toute tentative de manipulation spirituelle et occulte.

Il ne se contente pas de repousser l'adversité, il jouit également d'une fonction de révélation et d'illumination. Il agit comme un phare dans les ténèbres, apportant une acuité accrue sur les aspects sombres de la réalité. Grâce à lui, les capacités de clairvoyance sont amplifiées, permettant de détecter les menaces dissimulées et de percer à jour les intentions cachées. Le **talisman du Scorpion** amène à travailler son discernement en permettant une perception décuplée des tromperies, des illusions, et des pièges tendus. Il agit comme un « détecteur de mensonges » cosmique, révélant la vérité derrière les masques.

Au-delà de sa protection et de l'extralucidité, le **talisman du Scorpion** est aussi un catalyseur d'alchimie intérieure. Il incarne l'énergie de la renaissance et du renouveau, nous invitant à plonger dans les profondeurs de notre âme pour aller explorer nos parts d'ombre et nos peurs les plus enfouies. En le portant, il déclenche un processus de métamorphose qui nous pousse à affronter ce que nous avons peur de conscientiser et de faire remonter à la surface, afin de libérer ce qui ne nous sert plus. Ce talisman encourage à lâcher prise sur les schémas mentaux obsolètes, les croyances limitantes, et à laisser mourir les anciennes versions de nous-mêmes pour renaître sous une forme plus alignée et en paix avec nos blessures. Si ce talisman était un animal mythologique, il serait le phénix.

La transformation induite par le **talisman du Scorpion** peut être vécue intensément et de manière parfois inconfortable, car il fonctionne comme un miroir implacable de la vérité nue. Il met en lumière précisément ce qui doit être changé dans nos vies pour que nous puissions évoluer. Il ne s'encombre pas de fioritures. C'est un guide qui nous aide à identifier les aspects de notre existence qui ne sont plus en harmonie avec notre être profond, nous offrant ainsi la force et le courage de les transmuter. Ce processus de régénération peut sembler difficile, mais il est essentiel pour accéder à un niveau de conscience plus élevé.

Ce talisman accompagne dans un cheminement spirituel profond, où la confrontation avec nos ombres mène à une transformation complète de notre être. Il nous offre les clés pour transcender les énergies négatives et les convertir en forces positives.

En résumé, le **talisman du Scorpion** nous protège non seulement des attaques occultes et des manipulations, mais il nous guide également sur un chemin initiatique pour nous révéler à nous-mêmes. Il nous pousse à accueillir nos peurs les plus profondes et à les transcender pour en sortir plus forts et plus éclairés.

Imamiah

Sic itur ad astra

Le talisman du Sagittaire

Ascension, exploration, indépendance et liberté.

Sic itur ad astra

« C'est ainsi que l'on s'élève vers les étoiles. »

Cette phrase capture l'esprit d'aventure du Sagittaire, toujours en quête de nouveaux horizons à explorer.

Ange : Imamiah, « Dieu élevé au-dessus de toute chose », favorise l'ascension spirituelle et physique, et nous guide dans la recherche de la vérité.

Couleur du cercle central : violet.

Le **talisman du Sagittaire** symbolise la liberté et l'expansion, il est conçu pour ceux qui aspirent à élargir leur horizon et repousser les limites. Il incarne l'esprit d'aventure, l'appel de l'inconnu, et l'énergie qui vient dynamiter le train-train quotidien, nous poussant à sortir de notre zone de confort. Ce talisman est une invitation à explorer de nouveaux territoires, tant sur le plan physique que spirituel, et à embrasser les opportunités qui se présentent sur notre chemin. Il est temps de sortir de sa coquille.

En se connectant à l'énergie du **talisman du Sagittaire**, nous révélons notre véritable potentiel et développons nos talents cachés. Il aide à se démarquer dans un monde souvent compétitif, en encourageant son porteur à exprimer ses idées avec une totale franchise. Beaucoup de personnes traitent d'un même sujet, mais chacun le fait avec sa propre patte, n'oubliez pas qu'il y a de la place pour tout le monde. Cultivez votre singularité.

Il renforce également l'indépendance et la capacité à se faire confiance en toute situation. Il représente l'ascension personnelle, la réussite sans gros efforts, sans impacter son entourage.

Le **talisman du Sagittaire** invite à identifier les aspects négligés de notre vie. Il pousse à surmonter les peurs et à dépasser ses limitations, encourageant à prendre des risques calculés et à embrasser l'inconnu avec enthousiasme et joie. Grâce à lui, nous apprenons à lâcher prise sur les peurs paralysantes qui peuvent bien souvent apporter des regrets et du mal-être.

En résumé, le **talisman du Sagittaire** nous guide vers une vie plus riche, plus osée et inspire à embrasser l'inconnu, à explorer les possibilités infinies qui se présentent à nous, et à vivre pleinement avec un brin de fantaisie et de piment en toute confiance et en toute indépendance, en poursuivant nos rêves les plus fous. On aime mettre un grain de douce folie dans nos vies.

Le **talisman du Sagittaire** est comme un saut en parachute, ça fait peur, mais c'est le *vrai* dépassement de soi.

Poiël

Usus magister est optimus

Le talisman du Capricorne

Longévité, autorité, persévérance,
protège des accidents.

Usus magister est optimus
« La pratique est le meilleur des maîtres. »

Le Capricorne, signe de discipline et de persévérance, sait que la réussite se construit avec du temps et de l'expérience.

Ange : Poiël, « Dieu qui soutient l'Univers », apporte persévérance et succès à long terme, tout en protégeant des dangers physiques.

Couleur du cercle central : marron.

Le **talisman du Capricorne** incarne la détermination, la stabilité et la persévérance.

Ceux qui le portent sont guidés par la patience et la ténacité, et gravissent la montagne de la vie avec calme et constance. Symbole de longévité et de solidité, ce talisman représente une force immuable qui soutient son porteur à travers les épreuves. Il agit comme un pilier invisible, offrant la résilience nécessaire pour continuer à avancer, même lorsque les vents contraires menacent de faire plier l'individu. Il est carré et ne ploie jamais.

Parfait pour les leaders, les gestionnaires ou toute personne ayant des responsabilités, il renforce l'autorité et la rigueur. Ce n'est pas par la force brutale que le **talisman du Capricorne** vient imposer le respect, mais par la constance, la rectitude, et la somme des expériences. Les décisions prises sous son influence sont empreintes de gravité et de solidité, tandis que le leadership naturel qu'il renvoie est à la fois calme et incontestable.

En outre, ce talisman pousse à gravir les échelons méthodiquement, à travers une ambition saine et mesurée. Il enseigne que la réussite est le fruit de l'effort régulier, et non de coups d'éclat temporaires. Avec le **talisman du Capricorne**, la qualité et la persévérance sont valorisées et mises en avant, nous incitant à rester concentrés sur des buts à long terme. Il nous aide à éviter les pièges de l'ambition égotique et à bâtir une carrière ou un projet sur des fondations fiables.

Ce talisman ne se contente pas de guider vers la réussite, il protège également son porteur des dangers rencontrés sur le chemin. Dans les moments de découragement ou d'épuisement, le **talisman du Capricorne** agit comme un gardien, repoussant les doutes et renouvelant la force intérieure. Il prévient des obstacles et des accidents potentiels, permettant de progresser prudemment, mais avec assurance.

En résumé, le **talisman du Capricorne** est parfait pour toute personne engagée dans une voie qu'elle poursuit à longue échéance, qu'elle soit professionnelle ou intime. Avec ce talisman à vos côtés, chaque pas en avant devient une victoire et chaque succès est l'accomplissement d'un travail acharné. Ce talisman nous rappelle que la persévérance, l'exploration et la discipline sont les clés du succès, et qu'avec une détermination inébranlable, aucun sommet n'est inaccessible.

Il y en a même qui arrivent à grimper tout en haut de l'Everest.

Hiah Hel

Amor vincit omnia

Le talisman du Verseau

Amour, joie, prise de décision, accueil de la nouveauté.

Amor vincit omnia

« L'amour est toujours vainqueur. »

Cette phrase symbolise la capacité du Verseau à apporter amour et joie dans toutes ses entreprises.

Ange : Hiah Hel, « Dieu Suprême », favorise la liberté d'être soi-même et apporte des solutions créatives aux situations difficiles.

Couleur du cercle central : bleu foncé.

Le **talisman du Verseau** est un synonyme d'harmonie et de joie. Il incarne la liberté d'être soi-même, encourage l'originalité et l'indépendance. Ce talisman aide à équilibrer le cœur et l'esprit dans les moments difficiles. Avec lui, les obstacles semblent plus légers, et les solutions apparaissent de manière évidente. Il est l'éternel optimiste, mais il est aussi très factuel.

Une des grandes forces du **talisman du Verseau** est sa capacité à rendre la vie plus aisée et à mieux vivre la nouveauté.

Il est également un puissant protecteur pour l'amour et les relations sincères. Il agit comme un révélateur de vérités, dissipant les illusions et protégeant contre les tromperies sentimentales. Il aide à discerner les relations authentiques de celles qui sont superficielles, ce qui permet de nouer des liens basés sur la confiance et l'authenticité. Sous son influence, nous attirons des personnes qui résonnent avec notre vibration, et sommes encouragés à être nous-mêmes dans nos interactions, sans compromis. Son énergie nous aide à militer pour nos valeurs.

En matière de décisions, ce talisman aide à trancher rapidement et efficacement lorsque l'indécision pourrait tout freiner. Il aiguise notre discernement, clarifiant les options qui se présentent à nous et nous poussant à choisir celles qui s'alignent avec nos aspirations.

Porter le **talisman du Verseau**, c'est s'ouvrir à une vie riche de créativité, de lumière et de joie. Il nous rappelle que l'amour, la liberté et l'authenticité sont essentiels pour mener une vie épanouie. Ce talisman nous aide à naviguer avec beaucoup plus de légèreté à travers la vie, à prendre des décisions éclairées, et à cultiver des relations qui viennent nourrir l'âme en toute simplicité. Il va mettre en lumière ce qui vient entraver votre bonheur.

Elahel

Pax tecum

Le talisman des Poissons

Chance, connexion au troisième œil, apaisement du mental, protection, art.

Pax tecum

« Que la paix soit avec toi. »

Cette phrase incarne la paix et la sérénité que les Poissons apportent à ceux qui les entourent.

Ange : Eiahel, « Dieu délice des enfants et des hommes », guide vers la paix intérieure et l'élévation spirituelle.

Couleur du cercle central : indigo.

Le **talisman des Poissons** est empreint d'une profonde spiritualité, puisant son pouvoir dans les eaux mystiques de l'âme. Il est une invitation à s'abandonner au courant du destin, à s'ouvrir à ce qui se présente à nous et à s'aventurer dans les mystères qui nous entourent.

Sous son influence, son porteur trouve plus facilement le bon chemin, comme un poisson dans l'eau, attirant à lui les opportunités nécessaires pour l'aider à réaliser ses aspirations les plus intimes.

En plus d'être un guide spirituel, ce talisman est un protecteur vigilant. Il agit comme un bouclier invisible contre les forces négatives et les dangers inconnus qui pourraient menacer le calme intérieur.

Il est le phare lumineux qui oriente et rassure.

Il vient stimuler également l'ouverture du troisième œil et renforce la connexion aux guides. Il aide à capter les messages subtils de l'au-delà, à percevoir les signes invisibles qui nous guident tout au long de notre existence. Pour ceux qui aspirent à explorer les différentes dimensions spirituelles, la clairvoyance, et à expérimenter le contact avec les guides lors de méditations, ce talisman permet cette connexion aux sphères célestes.

Le **talisman des Poissons** est apaisant, dans un monde où l'angoisse et le stress peuvent peser lourdement, il agit comme un baume pour l'esprit, dissipant les inquiétudes et les peurs de l'avenir. Il aide à lâcher prise sur les tourments qui nous assaillent et à retrouver la sérénité.

Le **talisman du Poissons** incite à cultiver sa spiritualité. Il nous rappelle que l'individualité n'est qu'une illusion de séparation, et qu'en nous connectant à notre essence divine, nous accédons à des vérités bien plus vastes.

Les artistes et créatifs trouvent dans ce talisman une source d'inspiration inépuisable, car il navigue dans les eaux de l'imagination et de la créativité avec une sensibilité unique en son genre. Il ouvre la voie à une expression authentique de notre être intérieur, permettant de traduire les émotions et les intuitions en œuvres qui se matérialisent dans le monde.

Porter le **talisman des Poissons**, c'est s'ouvrir à une vie riche en expériences mystiques, guidée par une sagesse intuitive et marquée par un bien-être général.

Avec ce talisman, nous nous harmonisons avec le flux naturel de la vie, acceptant ses rythmes avec grâce et confiance absolue.

CHAPITRE 7

Update[1] magique

Tout est lié. Nous sommes tous interconnectés, des passagers éphémères dans la vie les uns des autres, toujours pour une raison très précise, que l'on comprend parfois bien plus tard.

Ici, comme dans l'au-delà, il existe un dessein supérieur, une trame invisible qui dépasse notre compréhension immédiate, mais qui éclaire le plan de nos existences. Un plan au-dessus du plan.

Lorsque j'ai envoyé le manuscrit de ce livre à mon éditrice pour sa correction, j'étais impatiente d'avoir son retour. Dans l'intervalle, je me suis inscrite à un atelier d'astrologie, encouragée par Georges, qui me pousse depuis quelques mois dans cette discipline.

Il s'avère qu'en 2021, lorsque j'ai débuté mes chroniques culturelles à la télé, j'ai commencé des soins avec une dermatologue pour avoir bonne mine. Au bout de trois ans de consultations, celle-ci me révèle qu'en parallèle de son métier, elle est astrologue depuis vingt ans. Je trouve cela absolument fabuleux, car du temps de la Renaissance, les médecins étaient également astrologues. On a souvent tendance à reprendre nos savoirs de vie en vie, la preuve avec cette femme.

En septembre 2024, elle propose un atelier pour novembre, consacré aux Nouvelles Lunes progressées. Ces cycles lunaires,

1. Ndla : mise à jour.

d'une durée d'environ vingt-neuf ans, permettent d'explorer des étapes clés du parcours de l'âme et de sa réalisation. Chaque individu peut vivre en moyenne trois Nouvelles Lunes progressées au cours d'une vie, offrant ainsi une cartographie subtile de nos transformations intérieures. Mieux encore, il est possible d'étudier les lunes anténatales, celles qui précèdent notre naissance, et de plonger dans l'ambiance spirituelle qui entourait notre âme dans l'au-delà.

Lors de ce stage, je découvre donc que ma lune antérieure à ma naissance parle de voyance, d'ésotérisme, mais surtout de la compréhension des symboles et du fait d'être un guide spirituel pour les autres... J'ai pourtant beau vouloir régulièrement prendre des distances avec ce domaine, tout m'y ramène.

J'ai soudainement très froid, et je vois Georges apparaître à mes côtés, il pointe du doigt une date en particulier sur le papier où figurent toutes les dates et années de mes lunes: 1960. Il me dit de calculer encore vingt-neuf ans plus tôt, ce qui nous amène à... 1931.

Entre 1931 et 1960, Georges écrivait des livres sur l'astrologie, la magie ou encore le Tarot de Marseille...

J'ai une vision de Georges de son vivant, penché sur un manuscrit, et de ma conscience à ses côtés. C'est la toute première fois de ma vie (et cela sera probablement la dernière) que je me vois dans l'au-delà en tant qu'être désincarné. Je crois qu'il n'y a aucun mot humain pour en décrire la sensation, la densité. J'ai cherché pendant des heures des mots justes sur l'inexplicable sans que rien ne me vienne.

Mon ami avait donc raison, et tout fait sens aujourd'hui: j'ai bien été le guide de Georges, qui remplit à son tour ce rôle auprès de moi. Je connais d'un autre temps, bien avant ma naissance, ces talismans astrologiques que vous venez de découvrir et qui vont vivre une seconde vie avec vous.

Ce ne sont pas des symboles dessinés au hasard, ils sont les fragments d'une mémoire ancienne, un écho de ce que j'ai été, et de ce que mon âme a programmé de vivre dans cette temporalité.

Ces retrouvailles d'âmes avec Georges, ce rendez-vous cosmique, tout ceci est simplement extraordinaire et quoi de plus magique que de clôturer ce livre sur cette anecdote ?

Le jour de ce stage, j'ai vu Georges sourire sincèrement, se réjouissant de ma mémoire recouvrée. Tout mon parcours, qu'il soit dans les arts divinatoires, les enseignements spirituels ou dans les médias, est similaire à celui de mon cher guide, je sais que nous avons beaucoup de challenges à relever ensemble à l'avenir et je me sens rassurée de sa présence.

La boucle est bouclée avec ce dernier chapitre, j'ai la sensation d'avoir enfin compris ce qu'était la vraie magie, sa puissance, ce qu'elle représentait sur différentes strates et de pouvoir vous la transmettre désormais.

Conclusion

Nous arrivons au terme de cet ouvrage. J'espère que celui-ci vous accompagnera dans des phases de vie heureuses comme dans les plus délicates.

Laissez-vous porter par la magie de ces talismans, qui vous permettent de prendre un temps sacré pour vous, un temps nécessaire pour redonner de l'élan à vos envies, vos rêves et vos espoirs, mais aussi pour faire un travail d'introspection et de prise de recul sur les événements. Vous êtes l'artisan de votre vie.

Essayez-les, n'hésitez pas à les expérimenter au gré des saisons, chaque mois l'énergie change autour de nous grâce aux astres. Si la lune influe sur les marées, imaginez ce qu'elle provoque chez un être humain composé à 65 % d'eau. Si la lune influence la vie, il en est de même pour les autres planètes. Cette magie cosmique bien réelle n'aura de cesse de me fasciner.

Si je peux vous donner un dernier conseil: accueillez ce qui se présente sur votre route, ne précipitez rien, et soyez indulgent envers vous-même. Aucune vie sur Terre n'est exemplaire, car notre incarnation est une école pour parfaire l'âme. Beaucoup d'épreuves viennent nous titiller pour nous faire sortir de nos zones de confort.

Nous avons trop souvent tendance à ne jamais nous sentir à la hauteur, et à laisser les peurs nous paralyser ou dicter notre conduite. C'est bien de se poser des questions, mais vous pouvez le faire tout en mettant des choses en place.

Ayez de la gratitude pour ce que vous avez déjà de beau autour de vous.

C'est comme cela que ma vie s'est mise en marche et qu'elle est devenue plus riche en rencontres, en opportunités, et surtout en amour.

Finalement, qu'a-t-on à perdre à rêver plus grand, plus beau et à se souhaiter plus de choses ? Qu'attend-on pour se lancer et vivre comme on l'entend ?

Je me suis autorisée à ouvrir des portes, à me faire confiance, à découvrir qui j'étais vraiment et quelles étaient mes profondes aspirations. J'ai appris à échouer et à me relever.

J'ai fini par rencontrer l'amour, et vivre une carrière professionnelle atypique, mais qui me correspond mieux. J'ai cessé de me conformer à ce qu'on attendait de moi, et je me suis affranchie du regard ou du jugement des autres, y compris celui de ma famille.

La spiritualité m'a aidée à comprendre tant de choses et de mécanismes. Je suis devenue plus affirmée dans mes positionnements, et confiante en cette grande force qui nous dépasse, mais qui se trouve toujours être d'une grande justesse : le Divin.

La foi change une vie. Elle sera toujours incandescente dans mon cœur.

Alors j'espère que ce livre vous permettra de renouer avec cette étincelle, cette part de vous trop souvent endormie par le quotidien et les aléas de l'existence.

Il est à vous désormais.

Je vous dis à très vite pour de nouvelles aventures.

Prenez soin de vous.

« Il n'y a que deux façons de vivre sa vie :
penser que rien n'est un miracle
ou penser que tout est un miracle. »

Albert Einstein

Bibliographie

Pour aller plus loin

Stéphane Allix, *La mort n'existe pas*, Harper Collins, 2023.
Je suis sortie en 2014 d'une des premières conférences de Stéphane en me sentant comprise, et surtout moins seule. Il a passé les quinze dernières années à enquêter sur la vie après la mort et ce livre est riche de vérités.

Natacha Calestreme, *Trouver ma place : 22 protocoles pour accéder au bonheur*, Albin Michel, 2021.

Les protocoles de Natacha sont magiques, et ont eux aussi une magnifique histoire à travers le monde.

Abbé Julio, *Prières Merveilleuse*, Éditions Bussière, 1995.

Abbé Julio, *Les véritables pentacles et prières*, Éditions Bussière, 1999.

Allan Kardec, *Le livre des esprits*, J'ai Lu, 2005.

Gitta Mallasz, *Dialogues avec l'ange*, Aubier, 1994.
C'est un livre avec de profonds messages pour l'âme.

Georges Muchery, *Sortilèges et Talismans*, Éditions du Chariot, 1955.

Patrick Mabrier, *Magie Angélique*, Éditions Bussière, 2023.

Roberto L. Saula, *Votre thème astral et vous*, Le lotus et l'éléphant, 2024.

Agnès Stevenin, *Les enfants des étoiles,* Mama Éditions, 2024. Un ouvrage incroyable sur le soin énergétique tel qu'il est réellement et qu'il est encore difficile de faire accepter. Agnès a su mettre de la douceur dans ses mots, qui sont criants de vérité.

Remerciements

À toi Jeremy, mon merveilleux mari et fabuleux papa de notre petit mini-doux. Vous êtes ma joie de vivre au quotidien et mon rempart face au monde. Je ne pensais pas qu'un jour, grâce à vous, le soleil serait tous les jours dans mon cœur. Merci de me suivre dans mes projets, et mes lubies, même quand elles sont farfelues. Mon fils, tu es la plus belle chose qui me soit arrivée.

Une pensée pour mon papa, Audrey, et mes grands-parents, il nous a fallu du temps pour être une famille unie, mais cela en valait la peine. Je vous aime.

Mon petit frère, si tu passes par-là, sache que tu es dans mon cœur à tout instant, n'en doute jamais.

Merci à mon ami Baptiste qui a découvert en avant-première ce livre. Tu es rempli d'un amour inconditionnel et de chaleur pour les gens et j'ai une profonde gratitude que tu partages mon quotidien. (Merci WhatsApp et les podcasts de l'espace.)

Une pensée pour l'Olympe et notre jolie Ambre qui a su me rassurer aussi pendant l'écriture.

À vous, ma brochette d'amies fidèles, mes piliers, Marion, Mathilde, Camille, Leila, Joy, Alice, Malissa, Olivia (les deux). Vous m'apportez tant de fous rires, d'amour et de couleurs.

À Laurine, que j'aime pour sa douceur et son histoire et Tara, ma vidéaste de l'extrême au grand cœur dont vous appréciez tellement les montages.

La team parisienne qui me fait sentir comme à la maison : Isabelle Layer, un vrai modèle pour moi et qui est d'une incroyable générosité. Merci pour tous tes mots. Tu m'as convertie au théâtre et j'adore ça !

Séverine, tu es l'oasis de bien-être et de sérénité en plein Paris et tu guéris mon petit cœur par ta douceur à chaque fois. Je t'aime d'amour !

Caroline Frisou, mon agent littéraire, qui a cru en ce projet. Caro, c'est une wonder nana qui s'est faite toute seule et que j'admire beaucoup.

Un immense merci à toute l'équipe de Trédaniel et à Marie, mon éditrice. Il y a quinze ans, j'étais en pleine errance dans la compréhension de ma spiritualité, et les quelques livres qui traitaient du sujet dans le tout petit rayon de la Fnac provenaient de votre maison d'édition. Aujourd'hui, je suis fière de rejoindre vos auteurs et d'apporter ma pierre à l'édifice.

À toi, mon grand-père adoré qui guide mes pas à chaque instant. Ton départ a marqué la fin d'une ère et le début d'une autre. Je sais que tout l'amour que l'on se porte traverse les dimensions. Nous nous retrouverons pour de bon un jour et pourrons célébrer la vie.

À vous, ma fine équipe de guides et d'anges gardiens, merci pour votre aide, et votre non-jugement. Votre lumière guide mon chemin, et elle m'aide à éclairer celui des autres en retour. Merci pour cette odyssée merveilleuse.

Georges, j'espère que vous aimez ce livre, et que vous en êtes fier. Merci de m'avoir choisie, et nous n'avons pas fini de travailler ensemble.

Pour finir, merci à toutes les personnes qui me suivent sur les réseaux sociaux, et à mes consultants. Vous m'envoyez de l'amour au quotidien et de la force. Tous ces projets, dont ce livre, existent en partie parce que vous êtes fidèles au rendez-vous. J'ai beaucoup transmis ces dernières années, mais j'ai tellement appris à vos côtés.

Merci pour tout.

pca
cmb
édition pré-presse
livres numériques

44400 Rezé

Achevé d'imprimer en mars 2025
sur les presses de la Nouvelle Imprimerie Laballery
58500 Clamecy
Dépôt légal : mars 2025
N° d'impression : 502554

Imprimé en France